JN096912

古代イスラエル史

「ミニマリズム論争」の後で

最新の時代史

B.U.シッパー＝著

山我哲雄＝訳

教文館

Geschichte Israels in der Antike
2., überarbeitete Auflage

by Bernd U. Schipper

地図（地図Ⅰ－Ⅳ）作成：Peter Palm, Berlin
線画（図 1, 2）作成：Maria Bruske

カバー写真：
アッシリア王にひれ伏すイスラエル王イエフの様子，
シャルマナサル 3 世の「黒色オベリスク」の浮き彫り（前 841 年）より
（大英博物館所蔵）

装丁：田宮俊和

日本語版への序文

一九九七年に、英国の旧約学者レスター・L・グレイブは『「イスラエル史」は執筆可能か』と題する書物を編集・刊行しました（Lester L. Grabbe (ed.), *Can a 'History of Israel' be Written?* JSOT.S 245, Sheffield 1997）。同書でグレイブが取り上げたのは、当時の学界の議論を強く規定していたいわゆる「ミニマリズム論争」の問題です。すなわち、旧約聖書テキストを歴史的にどのように理解すべきか、という論争です。多数派の学者たち（いわゆる「マクシマリスト」たち）が旧約聖書中の物語的なテキストの多くを歴史的資料と見なしていたのに対し、他の研究者たち（いわゆる「ミニマリスト」たち）は、そんなことはほとんど不可能だ、と主張したのです。「ミニマリスト」たちの意見によれば、旧約聖書の物語る歴史には信憑性が乏しく、古代イスラエルの史実を再構成する際に聖書のテキストは、聖書外史料――いわゆる「外的なエビデンス」――によって裏付けられる場合にのみ、考慮の対象になるにすぎないのです。

ここでは、パレスチナ／イスラエル考古学の調査結果が特別な役割を果たしました。以前は、考古学は旧約聖書研究のためのある種の補助学のように見なされることが多く、しばしば「聖書考古学」などとも呼ばれていました。しかし現在では、考古学は固有の諸方法を擁する独立した専門的な学問的領域と見なされるようになっています。このことに応じて、多くの研究者たちは、もはや「聖書考古学」という用語を用いず、「南レヴァント考古学」という呼び方を好んでいます。

本書『古代イスラエル史』は、「マクシマリストたち」と「ミニマリストたち」の間の論争の結果を顧慮したものです。すなわち、本書は基本的に聖書外史料から出発しますが、時として旧約聖書のテキストをも参照しています。聖書外史料として用いられるのは、考古学的発掘調査の諸結果や古代オリエント文書、すなわちエジプト、新アッシリア、新バビロニアの碑文や、ペルシア時代、ヘレニズム時代のテキスト等です。その際には、古代イスラエル史の各時代について、どのような史料に基づいて歴史的再構成が可能なのかがそれぞれ吟味されねばなりません。

本書の原著は〔ドイツでは〕二〇一八年に初版が刊行され、二〇二三年には第二版が出ました。英語版（二〇一九年）、スペイン語版（二〇二一年）、イタリア語版（二〇二三年）、トルコ語版（二〇二四年）に続き、このたび日本語版が刊行される運びとなったことは、筆者にとって大きな名誉です。翻訳を引き受けてくださった札幌の北星学園大学の山我哲雄名誉教授の労に心から感謝します。また、本書の翻訳、出版を企画してくださった出版社、教文館にも感謝します。このことによって本書が浴した名誉を大いに喜んでいます。

二〇二四年二月　ベルリンにて

ベルント・U・シッパー

目次

序章

古代オリエント世界に関わる諸研究で、ここ二〇年ほどのうちで、イスラエル史学以上に大きな変化を経験した分野はないであろう。以前は、聖書の提供する歴史像はほぼ追随できるものと信じられていた。ところが今や、旧約聖書の諸文書が提示するのは歴史的諸経過の一こまにすぎないこと、それどころか、多くの場合それすらできていないことに疑問の余地がなくなっている。旧約聖書の諸文書は、過去を参照することを通じて現在を説明し、未来に向けて方向を定めようとする、神学的なテキスト群なのである。

研究史的に見て興味深いのは、よりによってこのような認識をもたらしたのが、もともと聖書の真理性を論証しようとした研究者たちだった、という事実である。一九世紀における古代イスラエルの考古学的研究の端緒から今日に至るまで、しばしば厳格な信仰の持ち主である学者たちが聖書を片手に発掘作業を遂行してきたが、結果的に彼らは、旧約聖書が明らかにすることは聖書が描く像とわずかしか——場合によってはほとんど——一致しないということを幻滅しつつ確認しなければならなかったのである。

本書が関わるのは学者たちの信仰でもなければ、パレスチナ／イスラエル考古学の政治的次元でもない。その中心をなすのは、古代イスラエル史の批判的再構成であり、その歴史が聖書外史料や聖書の諸資料からどのようなものだったと推察できるのか、ということである。そこで本書では、出土物やテキストや遺構の縺れ合った藪を抜けながら、古代イスラエルの基本線が辿られることになる。この主題により深く踏み込みたいと望む読者のために、個々の章の記述には『旧約聖書歴史資料集』（Historische Textbuch zum Alten Testament, HTAT）のような史料集への短い参照指示を付しておいたし、巻末には先に進むための参考文献表を付けておいた。

古代イスラエルと聖書のイスラエル

イスラエル史を記述しようとする際には、いかなる場合にも、最初に一つの根本的な区別をしなければならない。旧約聖書が物語る歴史は、考古学や聖書外史料に基づいて再構成されるものと、しばしば合致しない。一度でも古代オリエントの文献を扱ったことのある者にとって、このことは驚くべきことではない。古代オリエント世界の王たちの碑文が示すのは一つの政治神学なのであって、それは特定の視角から見た「歴史」を物語っている。このことを示す最良の例として、前一二七四年に行われたエジプトのファラオ、ラメセス二世とヒッタイトの王ムワタリ二世の間の名高いカデシュの戦いが挙げられる。今日の（シリアの）ホムス南西約二五キロメートルの地点で行われたこの軍事的衝突についてのテキスト（HTAT 078）を読む者は、このファラオが輝かしい勝利を手にしたという印象を受ける。すなわち、彼は自ら先頭に立って戦い、敵を敗走させたとされているからである。しかし、ヒッタイト側の史料は、それとはまったく異なるイメージを示している。勝ったのは、ラメセス二世ではなく、ムワタリ二世の方なのである。

このような記述の相違は、意図的な歴史の捏造によるというよりも、むしろ古代オリエントの世界観に基づくものである。すなわち、王は世界秩序（エジプトでは「マアト」と呼ばれた）の保証者なのであり、神々から、世界の存続を確保するための権力の表徴を授かっている。王がこれを怠れば、世界は混沌（カオス）のうちに沈んでしまうであろう。エジプトの図像では、ファラオは必ず戦いから勝者として凱旋して来なければならない。なぜなら、敵たちは混沌（カオス）の象徴とみなされているからである。旧約聖書の諸テキストは多くの点で古代オリエントの文学とは異なっているが、そこには一つの根本的な共通性が存在する。それが、もろもろの政治的な出来事を超越した次元を目指す宗教的な文学だという点である。

聖書の史料としての価値は限られたものなので、本書の歴史記述では、稀にしか旧約聖書のテキストには触れられない。そのようなテキストに属するのが、列王記で定期的に言及される、イスラエルとユダの王たちの『歴代誌』（王上一四19から王下二四5まで）である。古代オリエント世界からは、王宮で年代記的なものが記されていたことが知られている。エジプトの「ウェンアメン航海記」（前一一／一〇世紀頃）によれば、ビブロスの都市国家の王は『彼の父祖たちの日録』というものを持っていて、そこには例えば交易上の金銭の支払いについて記されていた（HTAT 100, Z. 2, 8–9）。この例は、歴史的、公文書的な関心を伴う年代記が存在したことを証言しているが、今日までのところ、旧約聖書における年代記的注記への直接的な並行例は古代オリエント世界からは知られていない。前七―六世紀の『バビロニア年代記』には王たちの即位年と重要な出来事が記されているが、即位時の王の年齢や治世の長さについては記されていない。後続する本書の叙述の中では、年代記的注記の中核をなすイスラエルとユダの王たちの順序については触れられるが、そこからその他の推論が引き出されることはない。なぜなら、それらの年代記的注記が多くの箇所で示す政治的・神学的視角は、「申命記史家的」な歴史記述からそれほど乖離したものではなく（本書一五頁参照）、強度にユダに偏向したものであり、明確にエルサレムに照準を絞ったものだからである（王上一四25―27参照）。

土地と地域

古代イスラエル史は、特定の地理的状況を背景に展開した。「聖書の土地」である「パレスチナ／イスラエル」は南レヴァント地方の一部である。それは、南は紅海で始まり、死海を縦断して北に進み、ガリラヤ湖の北約四五キロメートルの地点で終わる地域である（地図Ⅰ参照）。「パレスチナ」というのは決して現代の概念ではなく、古代の概念を取り入れたものである。ヘロドトス（『歴史』Ⅰ,05）によれば、パレスチナとはペリシテ人の住んだ地域である（アラム語の「ペリシュターイーン」に由来）。紀元一三五年以降には、パレスチナの語はローマ帝国の属州「シリア・パレスチナ（syria palaestina）」の呼称として用いられた。

パレスチナ／イスラエルは、決して広大な土地ではない。イスラエルの北限をなしたダンからエルサレムまではおよそ一六八キロメートルにすぎないし、地中海沿岸に位置するペリシテ人の町アシュドドからエルサレムまでは六〇キロメートルほど、ガリラヤ湖の南岸から死海までは直線距離で一〇五キロメートルほどしかない。聖書の時代の人間の標準的な一日の行程を三〇キロメートルほどとすれば、ヤッファからベツレヘムまでは二日ちょっとの旅ということになる。この土地は、短期間で縦断できるほどの大きさだったのである。

パレスチナ／イスラエルはしかし、非常に多様な相貌を持った土地でもあった。南の荒野から、小規模な山地を経ながら進むと、谷ごとに世界が変わり、ついには肥沃なイズレエル平野に辿り着く。聖書で中核をなす地域ユダ——後には「イェフド」や「ユダヤ」と呼ばれるようになる——は、当時の重要な交易路や通商地域から切り離されていた。海へのアクセスはなく、西側では「シェフェラ」と呼ばれる一連の丘陵が連なっており、東側では土地はユダの荒野に急降下している（地図Ⅰ参照）。北側にはエフライム・サマリア山地があり、それは後期青銅器時代以降、独自の政治的単位をなしていた。これに加えて、古代オリエントの諸大国の関心を特に引くいくつかの地域があった。すなわち、南部にペリシテ人の町々、北部にフェニキア人の町々がある海岸平野と、イズレエル平野の南西端に位置する重要な交易政治の拠点メギドである。

古代イスラエル史でまさに法則性とも言えるのは、古代オリエントの大国の支配者たちがサマリアとエルサレムの王たちに目を向けるのは、後者が地政学的に重要な地域に進出しようとしたり、その都度の時代の覇権的勢力に対抗する同盟に参加したりしたときだけだ、ということである。そのような例が、すでに前一四世紀の後期青銅器時代の都市国家シケムの支配者の場合に見られるし、前二世紀に至るまで繰り返される。エジプトのファラオたちにとっても、新アッシリアやバビロニアの王たちにとっても、はたまたプトレマイオス朝やセレウコス朝の支配者たちにとっても、イスラエルとユダにとってそれぞれの中核地域であるサマリア山地とユダ山地など、ほとんど意味のないものであった。古代オリエントの大国の関心事はあくまで、交易路と地政学的に重要な海岸平野の統御にあったのである。

物語と歴史

旧約聖書が示す歴史像は、列王記とエズラ記・ネヘミヤ記と歴代誌では相互に著しく異なっている。それらの文書で問題にされるのは、過去について「真実」を語ることでも「歴史的に信憑性のあること」を語ることでもなく、意味を構成するということなのである。歴史を構成するということは、いかなる場合であれ、それが特定の関心に従い、意識的に過去と現在を結び付けようとするものである限り、主観的なものにならざるをえないのである。

聖書テキストが示すのは、歴史記述だけでなく、歴史物語でもある。その際に、「歴史（ゲシヒテ／ヒストリー）」と「物語（ゲシヒテン／ストーリー）」の境目は流動的である。両者はともに、意味とアイデンティティを生み出す記憶に従事している。歴史記述と歴史構成があいまって、特定の物語諸構造によって刻印された複数の「主要な物語（マイスター・エアツァールンゲン／マスター・ナラティブズ）」を形成する。旧約聖書の場合で見れば、そのような物語構造を二つの大きな文学的な歴史構想を用いて明確化することができる。一つは申命記史家によるイスラエルの歴史の論述であり、もう一つは歴代誌におけるそれである。前者は、ヨシュア記、士師記、サムエル記（上下）、列王記（上下）の諸書からなる。これらの諸書が構成する文脈では、モーセの第五書である申命記に関連しつつ、一つの根本的な物語の筋書きが確立される。すなわち、イスラエルは外部から「カナン」の地にやって来るが、土地取得以前に彼らの神から、神と人の前での義しい振る舞いを可能ならしめる律法――すなわち十戒――を授けられていた。その後の「イスラエル史」は、没落へと向かう一つの歴史となる。すなわちそこでは、当初の理想的な状態が、土地への侵入と王国の形成によってどんどん解体していってしまうのである。

以上のような神学的プログラムは、比較的最近の研究動向に従い、申命記史家によるヨシュア記、士師記、サムエル記、列王記の構成を、出エジプトと土地取得（「モーセ・出エジプト・土地取得物語」）と結び付けて考えるなら、鮮やかな輪郭を得る。すなわち、イスラエルの幸いに満ちた諸端緒からエルサレムの滅びまでの申命記史家の記述は、（バビロン）捕囚の中で生きるイスラエル民族の存在の理由説明になっているのである。

申命記史家の歴史記述の中核部分が前七世紀にまで遡るのに対し、歴代誌の歴史構想はペルシア・ヘレニズム時代に由来する。それが物語るのは「真のイスラエル」、すなわちエルサレム第二神殿を中心とする教団の歴史である。歴代誌の歴史構想における神学的プログラムの結果として、モーセ五書における記述とは対照的に、ダビデとソロモンの時代が本来のイスラエルの創設時代とみなされる。この「イスラエル」のその後の歴史は、もっぱらエルサレムの王たちと結び付いている。サマリアを首都とするイスラエル北王国の王たちには、ほとんど言及されることがない。

以上の例は、旧約聖書時代の「イスラエル」が、相互に非常に異なるものを意味しうることを明示している。歴史的に見れば、「イスラエル」という名称は、エジプトのファラオ、メル・エン・プタハの石碑（前一二〇八年）に言及されるのが初出である。そこではこの語が特定の人間集団に関係するのに対し、前九―八世紀の古代オリエントの王たちの碑文では、「イスラエル」はサマリアを首都とする一つの王国を指し、したがって一つの領域政治的な政体を意味する。前七二二／二〇年にこの王国が滅亡した後、「イスラエル」の語は、エルサレムを首都とする南王国ユダに受け継がれる（エレ一七13）。この王国が前五八七／八六年のエルサレム征服によって終焉を迎えると、「イスラエル」という概念は時と共に神学的にますます先鋭化されていくことになる。ペルシア時代やヘレニズム時代になると、「イスラエル」は、旧約聖書の神ヤハウェを崇拝する人々の集団の自称となるのである。多くのテキストにおいて、この語はエルサレムの第二神殿のもとに集まる教団と同一視されている（エズラ記・ネヘミヤ記）。他のテキストでは、それがゲリジム山上のサマリア人たちのヤハウェ共同体と重ね合わされている（デロス碑文、また本書一二二頁を参照）。

以上の事態が本書の叙述にとって意味するのは、そもそも「古代イスラエル史」というものは、この名で呼ばれる神の民のみに関わるのでも、また前九―八世紀に実在した「イスラエル」王国のみに関わるのでもなく、メル・エン・プタハの碑文からローマ帝国までに至る全期間（前一三世紀―前一世紀）を包摂するものだということである。

第一章　イスラエルの諸端緒と初期の歴史（前一二〇八―九二六／二五年）

イスラエルの諸端緒は闇の中に隠れている。族長たち（創一二―三六章）や出エジプト（出一―一五章）についての聖書の物語は、歴史的な着手点とはなりえない。それらの物語は、王国時代後期以降になってから長い時間を経つつ成立したものであって、イスラエルの諸端緒を再構成するうえで参照できるものではないからである。旧約聖書の「ヘブライ人」をアマルナ文書に出てくる「ハピル」と結び付けたり、アブラハムやイサク、ヤコブについての物語に感じられる遊牧風の色彩を前二千年紀末のエジプトの文書に言及された半遊牧的諸集団（シャス）に関連させたりしようとする、以前の研究におけるすべての試みについても、同じようなことが言える。

歴史的な確実性ということから出発するなら、ファラオ、メル・エン・プタハの戦勝記念碑が唯一の信頼できる最初の手掛かりということになる。この碑文は、前一二〇八年頃の南レヴァント地方に、「イスラエル」という名で呼ばれる人間集団がいたことを証言している。さらなる聖書外史料として、前九二六／二五年頃のファラオ、シェションク一世のパレスチナ地名表（本書四四頁参照）を付け加えるなら、イスラエルの初期の歴史は、これらの二つの聖書外史料によって枠付けされることになる。そのうちの一方では「イスラエル」に初めて言及され、他方では、古代イスラエル史と聖書の歴史記述が——完全にというわけではないが——最初に嚙み合うような一つの歴史的出来事が読み取れるわけである。列王記上一四章25—26節の短い注記によれば、ファラオ、シェションク〔聖書ではシシャク〕はエルサレムへの遠征を敢行した。〔実際には、〕この遠征の目標はエルサレムではなかった。エジプトの碑文によれば、シェションクはエルサレムなど一顧だにしていなかったのである。

エジプトと南レヴァント地方（前一五―一二世紀）

メル・エン・プタハの戦勝記念碑の意義を理解するためには、エジプトの歴史について一瞥しておく必要があろう。新王国時代（前一五三九―一〇七七年）のファラオたちは、南レヴァント地方を標的に数多くの遠征を行った。その際に彼らは、自分たちと同じぐらい強力で拡張主義的な一つの敵に出くわした。ヒッタイト人である。ヒッタイト王シュッピルリウマ一世（在位前一三五五―一三二〇年頃）がミタンニ王国を打ち破った後、彼とその後継者たちは南レヴァント地方の支配権を要求しだした。かくして、エジプトとの軍事衝突が何度か起こる。例えば、前一四五八／五七年のメギドの戦い（トトメス三世）や前一二七四年のカデシュの戦い（ラメセス二世）である。戦いがエジプト側の敗北で終わることも多々あったが、ファラオたちは南レヴァント地方を統制下に置き、その状態を軍事的行動や政略結婚政策、条約外交等によって前一一六〇／四〇年頃まで維持することに何とか成功する（ラメセス三世、ラメセス六世）。

戦略的に重要な南レヴァント地方のエジプト支配は、エジプトの行政システムの構築と関連していた。これについては、高名なファラオ、アメンホテプ四世／アク・エン・アテン（在位前一三五三—一三三六年）の時代に由来する約三八〇枚もの粘土板から知ることができる。楔形文字で記されたそれらのアマルナ文書には、メギド、エルサレム、ビブロスや、その他の都市国家の王たちからのファラオに宛てた書簡が含まれている。多くの場合、それらの書簡の内容をなすのは、直面しつつある敵や危機についての報告で、しばしば軍事的支援の要請を伴っている。この連関で、しばしば「ハピル」という集団に言及される。この集団はおそらく、さまざまな起源を持つ移民たちで、多くは山地に住んでおり、書簡のテキストによれば平野部にある諸都市に脅威を与えつつあった（HTAT 044. なお、同 084–085 をも参照）。

エジプトが統制下に置いていた地域は、北はフェニキアの海岸沿いの町々、南はペリシテ人の諸都市、そして後のイスラエル王国とユダ王国の領土に当たる（地図Ⅰ参照）。アマルナ文書は同時に、この時代の南レヴァント地方の政治的状況についても情報を与えてくれる。そこには多くの都市国家が林立していたが、それらのうち山地にある二つ、エルサレムとシケムは、面積の点では最大であるが、人口密度は低かった。最も重要な都市国家は、北部のハツォル／テル・ワッカースと、海岸平野への通路にあるガト／テル・エッ・サーフィーであった。後者は、前一〇世紀にもまだ壮大な大都市の威容を呈していた。

エジプトにとって、これらの都市国家が関心の的になるのは、それらが経済的、戦略的に重要な地域に勢力を広げている場合のみであった。シケムの支配者であったラバヤの場合は、まさにこのことが当てはまった。アマルナ文書によれば、ラバヤは周囲にある都市国家群――ただし、エルサレムは含まれない――と同盟を結んで、海岸平野とイズレエル平野を通る交易路を統制下に置いていた（HTAT 045）。このことは、後の前九―八世紀にイスラエルの王たちのもとで見られる事態と基本的には同じである。すなわち、パレスチナ中央部の山地から、近隣の諸集団と政治的な協定を結んで、経済的、戦略的に重要な海岸平野やイズレエル平野への拡張主義的な進出が試みられたのである。

諸都市国家の領土システムが、エジプトの南レヴァント地方支配が終焉を迎えた後も、引き続き存続したことを示唆する兆候がいくつかある。前二千年紀から前一千年紀への移行期には、後期青銅器時代の――以前の研究では好んで「カナン的」と呼ばれた――都市文化が没落するのであるが、エジプトのファラオたちが創出した諸構造自体は、――考古学的に言えば――後期青銅器時代から鉄器時代Ⅰを超えて鉄器時代ⅡA初期に至るまで存続するのである（時代区分については、本書xii頁を参照）。

後のイスラエル王国やユダ王国も、おそらくは基本的にはこの後期青銅器時代の諸構造と結び付けて考えねばならないであろう。なぜなら、土地取得、国家建設、そしてイスラエル王国とユダ王国といったその後のイスラエル史は、事実上、後期青銅器時代の都市国家であるエルサレムとシケムの領土上――とりわけ後者――で展開するからである（地図Ⅱ参照）。

エジプトが前一三世紀に創出した行政諸構造には、軍の駐屯する都市であるベト・シェアンとガザも属していた。両者はいずれも、戦略的に見て重要な場所に位置していた。ベト・シェアンのそばでは、ヨルダン渓谷を通過する重要な南北を結ぶ道路とイズレエル平野を横断しながら東西を結ぶ道路が交差していたし、ガザは「海の道（ヴィア・マリス）」、すなわちエジプトからシナイ半島を通って南レヴァント地方に至る陸路上の要衝であった。この道路の南の部分は、エジプトで「ホルスの道」と呼ばれていた（HTAT 077）。

ベト・シェアンの考古学的状況には、南レヴァント地方にあるエジプトの軍隊駐屯都市というものをどのように想像しなければならないかが典型的な仕方で示されている。そこにはエジプト式の神殿や行政用の建物群があり、都市の平面図はエジプトの町々（テル・エル・アマルナやデイル・エル・メディナ）を手本にしており、また記念碑がいくつもあって、それらの上にはファラオたちの政治的・宗教的な主義主張が刻み付けられていた。エジプトの影響は、地元の工房でもエジプト式の土器が作られるほど強かった。後の時代になっても、この地の住民たちはエジプト文化の遺産を受け継いでいた。前一〇―九世紀（第V／S1層）――すなわちユダの王ダビデやソロモンの時代――になっても、以前同様エジプト式のモニュメントが用いられていた。その中には、ラメセス三世の座像や、ラメセス二世とセティ一世の大きな戦勝記念碑も含まれている（HTAT 063–064）。このように、ベト・シェアンの考古学的状況は、エジプトの影響がイスラエル王国時代以降にも及んでいたことを典型的な仕方で裏付けている。

このことのもう一つの例は、ガザである。現今の政治的事情のゆえに、今のところ同地の古代都市の発掘調査はできていないが、文書や近隣地域の考古学的遺物から、南レヴァント地方の南方に位置するこの重要な行政中心地についてある程度のことが分かっている。ガザはトトメス三世（在位一四七九―二五年）の治下に創建され、おそらくラメセス時代の終わり頃まで存続していた。ラメセス四世（在位前一一五六―五〇年）の時代に由来するあるエジプト語のパピルスは、ガザにあったエジプト新王国時代の主神アメン・ラーの神殿について言及している（HTAT 068）。このパピルスを、ベト・シェメシュおよびテル・エル・ファルーア（南）で発見された三つのスカラベと結び付けることができるとすれば、ガザは海岸平野南方における重要な行政中心地であったことになる。近隣の諸地域は、この町に税金を納めていたにちがいない。テル・エル・ファルーア（南）と、ガザの後背地にある町（クブル・アル・ワライダ）のそれぞれで一つのエジプト風の建物が発見されていることも、このことと符合する。同じような「エジプト式宮殿」は、テル・エッシェリーア／テル・セラ（第Ⅳ層）、テル・ジェンメ（建物JF）、ラキシュ（第Ⅵ層）でも確認されている。

ガザでは、さまざまに異なる神々が並行して崇拝されていた。すなわち、一方でエジプトの神アメン・ラーの神殿があるかと思えば、他方では、エジプト人の駐屯地の書記が上司に送った書簡から知られるように、「ガザのアナト」のための祭りが祝われていた（HTAT, S. 174, Anm. 199）。後者で言われているのは、すでにウガリト文書（前一四〇〇年頃）でもエルの娘にしてバアルの姉妹とされていた女神アナトの地方的な派生形である。

イズレエル平野の西にあり、ラメセス六世（在位前一一四五―三九年）の時代の事物が出土している重要な都市メギドをこれに付け加えれば、前一五世紀から前一二世紀にかけて、南レヴァント地方全体がエジプトの統制下にあったと確言できるであろう。各地の臣下領主たちは貢納を義務付けられており、それらがこのような超地域的な中心地に集められたにちがいない。それらの場所にはエジプトの役人たちが駐在し、エジプトの宗教の影響があった。その双方、すなわち組織形態と文化的な影響は、南レヴァント地方へのエジプトの直接的な支配が失われた後も消滅せず、ラメセス時代終焉以降まで続いた。ベト・シェアンの場合、それは前一〇世紀まで続いたのである。

メル・エン・プタハ碑文の「イスラエル」と「土地取得」（前一三―一二世紀）

ファラオ、メル・エン・プタハの治世第五年（前一二〇八年）に由来する高さ三・一メートルの石碑には、リビア人に対する軍事的な勝利を寿《ことほ》ぐ戦勝歌が刻まれている（HTAT 066）。それにはさらに、おそらくはメル・エン・プタハの南レヴァント地方に対する遠征（前一二一一／一〇年頃）に関わると思われる一六行からなる段落が続いている。「領主たちは打ち負かされ、『シャーローム（*š3-r-m*）』と言う」（二六行目）という概括的な文言だけを見ても、ここに歴史的な知識が取り入れられていることは明白である。そもそも「シャーローム（平和／平穏）」という語は、セム語であってエジプト語ではない。

この碑文では、「カナン」と呼ばれているガザ、さらにはアシュケロン、ゲゼル、イェノアムについての記述に続いて、次の文章がある。「イスラエルは不毛になった。それにはもはや種がない」。このヒエログリフのテキストから見て、ここで言う「イスラエル」が、特定の都市や地域ではなく、一つの人間集団を指すことに疑問の余地はない。〔原文には、町や地域ではなく、人間集団を意味する決定詞が付されている。〕ただし、「それにはもはや種がない」という文言は多義的である。それは、小農民集団であるイスラエルにもはや蒔くための種（「種子」）がなくなってしまったという意味にも解しうるが、子孫（例えば創一二7、一三15―16等における「種」の語を参照）が皆殺しになってしまったという意味にもとれるからである。このテキストの構成や、個々の町々や人間集団についての記述内容から見れば、前者の意味のようである。南（ガザ）から海岸地帯（アシュケロン）やシェフェラ（ゲゼル）を超えてガリラヤ湖の南西に位置するイェノアム（テル・エル・ナーアム）へ進むという地理的順序を考え合わせるなら、「イスラエル」をガリラヤ湖の南側にいた一つの人間集団に関係付けることができそうである。この人間集団がエジプトの記念碑に言及されているという事実から見て、この集団は、エジプトから見て重要な都市か地域の周辺にいたにちがいない。エジプトの記念碑に、特に意味もなく任意の人間集団が言及される、ということはありえないからである。そのようなものとして考えられるこの地の唯一の都市は、ベト・シェアンである（地図Ⅰ参照）。

したがって、メル・エン・プタハ碑文は、次のような事態に関わっている可能性がある。すなわち、後期青銅器時代の「イスラエル」は、ある都市（ベト・シェアン?）の近くに住み、平野で農業を営む人間集団であったが、ある時点以降、エジプト人の注意を惹起するような仕方で振舞うようになったのである。ことによるとそれは、この「イスラエル」が都市の影響圏から離脱して、もはやその都市的中心のために農業を営む者が誰もいなくなってしまったことに関わるのかもしれない（並行現象として、HTAT 047 参照）。

このような推察を先に進め、聖書で「イスラエルの民の土地取得」（ヨシュ一一―一二章、一三―二一章、士一1―二5）として描かれるものについてのありうるシナリオを問題にするとすれば、これまで述べてきたことは、考古学的な所見に非常によく合致する。というのも、前一二〇〇年の少し前から、山地に〔新しい〕居住地が出現し始めているからである。しかも、これはガリラヤ湖に近いガリラヤ地方だけでなく、後期青銅器時代の都市国家シケムの領域にも見られる現象なのである。もし、エジプトの統制下にある平野の都市文化や、ベト・シェアンの盆地から離脱しようとしている人間集団にとって、理想的な退避場を探すとすれば、それはまさにここにあった。すなわち、サマリア・エフライム山地を擁する都市国家シケムの領域である。

鉄器時代Iになると、イズレエル平野に接するサマリア山地北方には数多くの、一部は非常に小規模の居住地が出現する（地図Ⅱ参照）。ほぼ一五〇のこのような村落のうち、後期青銅器時代の先行居住地を継承しているものは、ほんの少数にすぎない。すぐさま放棄されてしまう比較的小さな農村――一時的な場所（one period sites）」とも呼ばれる――と並んで、面積一ヘクタールを超える比較的大きな居住地も見られた。

これらの山地の居住地群は、後期青銅器時代の諸都市が一つの文化的な変動に直面して没落していくような時期に創建されている。そしてそれらは、前一〇―九世紀に都市文化が再び優勢になると、姿を消している。もし、後期青銅器時代の「カナン」からメル・エン・プタハ碑文の「イスラエル」を超えて前九世紀初期の「イスラエル」王国への結び付きを探し求めるならば、それはまさにここにある。旧約聖書にシリア・パレスチナの宗教の諸要素が見られること――例えば詩編八三編19節や同九七編9節における神名「エル・エルヨン」（新共同訳では「いと高き神」）――の歴史的理由も、同時にこの結び付きに基づくものであろう。

これらの山地の小居住地群には、しばしば好んで「イスラエル的」とも呼ばれる次の三つの特徴が見られる。（一）特徴的な土器の形式。すなわちいわゆる「竪襟型口縁貯蔵甕（collared rim jar）」（一メートルほどの高さの貯蔵用の甕で、口縁部が襟のように突出している）。（二）特定の住居の形。すなわちいわゆる「四部屋家屋」。（三）テラス農法（段々畑）。ただし、これら三つは、イスラエルの文化の「示準化石」としてはいずれも限定的な有効性しかもたない。むしろ、初期鉄器時代の農村文化と後期青銅器時代の都市文化の相違は、（担い手の人種的、民族的違いというよりも）例えば経済形態の差異性と地理的状況の相違ということから説明できる。山地の村々は、地域を超えた交易には組み込まれておらず、もっぱら自分たち自身の必要性のために生産活動を行っていたからである（自給自足経済）。「四部屋家屋」は横に長い部屋（居間／家畜小屋）と部分的に屋根のある中庭を持つが、このタイプの住居は山地以外にも存在していた。例えば、ペリシテ地方の北部のテル・カシーレ（第X層）に見られるように。竪襟型の口縁を持つ甕も、山地に限られていたわけではないし、鉄器時代Ⅰに限られていたのでもない。最古の例は後期青銅器時代のアフェクから見つかっているし、ヨルダン東岸地方（例えばテル・エル・ウメーリ）からも多くの例が発見されている。

これらの小さな居住地の一部は、副次的な建物を伴う農家であったし、円形に組み合わされた建物複合体をなす場合もあったが、行政的な建物らしきものは見られない。〔エフライム〕山地の西端にあるイズベト・ツァルタ（地図I参照）で発見された五行の碑文を伴う土器片は、〔この地における〕文字文化の始まりを示唆している。

これらの居住地の社会形態について、考古学に基づいてあまり多くを語ることはできないが、確認できることが一つある。初期青銅器時代の山地の村々の住民たちは、聖書が描くような（創一二1、申二六5―9）、長い放浪の果てにようやくそれらの土地に定着した遊牧民ではなかった、ということである。それらの住民たちはむしろ、相互に非常に異なる諸集団がこの地で結合したものであって、そこには山地にいた半遊牧民たちや、平地からやって来た小農民たちも含まれていた（A. E. Killebrew の言う「種々雑多な集団（mixed multitude）」）。

それゆえ、イスラエルの土地取得という事態は、鉄器時代初期における都市文化から村落文化への移行と、平野と山地の対立ということで説明できる。かつての後期青銅器時代の諸都市国家の領域で、居住空間の分化が起こったのである。その際に、都市国家シケムのあった山地は、伝統的に人口が少なかったという点で、最良の発展地域をなしたというわけである。

したがって、イスラエルの諸端緒は、この地〔カナン〕自体の中にあると確言することができる。前一二〇〇年頃に「イスラエル」と名乗っていた人間集団は、――古代オリエント世界を横断した遊牧民というような形で――外部から侵入して来たのではなく、後期青銅器時代の都市文化の中から生じてきたのである。メル・エン・プタハの碑文で初めて「イスラエル」と呼ばれたこの集団は、おそらくエジプトが支配するある都市の周辺に生息していたのであり、しかも独自の道を歩んでいたので、エジプト人はこの「イスラエル」を——碑文に名をあげるほどの重要性を持った——敵と見なしたのであろう。この経過を、次のように想像することもできるが、それは、あくまで憶測にとどまる。すなわち、南レヴァント地方に対するエジプトの統制が揺らいでいるような状況の中で、かつてはエジプトにとって重要な一つの都市の周辺で労働に従事していた小農民たちが、そこから離脱して山地に移り、独立した生活を営み始めたことが注記されるに値したのだ、という推測である。しかしながら、疑問の余地のないことが一つある。すなわち、イスラエルは「カナン」から生まれたのであり、外部からこの地にやって来たのではない、ということである。

こうして生じたイメージは、聖書の諸テキストとは対立するものである。出エジプト記から申命記までの諸文書やヨシュア記、士師記、サムエル記、列王記等が物語る「聖書のイスラエル」の歴史は、まさにこの決定的な区別を強調する。イスラエルは外部からやって来たのであり、カナンから生まれたのではない。その際に聖書の著者たちは、一つの神学的な区別から出発している。すなわち、神ヤハウェの民としてのイスラエルは、カナンの神々や宗教と何ら関係がない、という区別である〔本書一五頁参照〕。

新しい居住地群の地図〔地図II〕を見れば、「土地取得」はもっぱら中期青銅器時代の都市国家シケムの領域で進行したのであり、エルサレムの周囲では明らかにその規模がずっと少ないことが分かる。すでにこのことのうちに、「イスラエル」にとっては南よりも北の方が重要であったことが把握できる。「イスラエルの揺籃の地」は、ユダやエルサレムではなく、この地〔北のシケム周辺〕

に求められるべきことの蓋然性が高い。このことは、ヤハウェという神の歴史についての最近の認識とも符合する。ヤハウェという神は、南ではなく北に位置付けることができるのである。しかしこのことは、出エジプトの伝承にとって何を意味するのであろうか。

エジプトのイスラエル？　出エジプト

自分の民――イスラエル――をエジプトから導き出した神に対する信仰告白は、聖書のイスラエルにとっての中心的な信仰箇条の一つである（出二〇2、申五6）。ただし、この信仰告白がどの程度、歴史的出来事に依拠しているのかについては、現在手に入る史料によってはほとんど何も語りえない。イスラエルの人々がピトムとラメセスという町の建設に携わったとか、抑圧者であるファラオがラメセス二世であったとする古典的な学説（M. Noth, S. Herrmann）は、いずれにせよもはや通用しない。

長く出発点とされてきたのは、イスラエルの人々が「倉庫の町ピトムとラメセス」の建設の際に強制労働に服さねばならなかったという出エジプト記の短い注記（出一11）が、ラメセス二世（在位前一二七九―一二一三年）治下の歴史的な出来事を指し示している、という想定である。〔この想定は、次のような理屈に基づいている。〕この王〔ラメセス二世〕は新しい首都、いわゆる「ラメセスの町」を建てさせたが、その町はラメセス時代の終わり以降（すなわち前一〇七七年以降）には忘れ去られてしまっていた。歴代の「ラメセス」を名乗る王たちについても、それと同じことが言える。それゆえ出エジプト記一章11節にある「ラメセス」という名称は、歴史的な記憶によるもの以外ではありえない。なぜならより後の――例えば出エジプト記の冒頭のパッセージが成立したと考えられるような――時代からこのことを説明するのは不可能だからだ(A. Alt, H. Donner)、〔というのである〕。

旧約学は何十年もの間、このような理論に追随してきたが、実はそれはかなり根拠の薄弱なものだった。というのも、ラメセスという王たちについての記憶は決して忘れられることはなかったし、ラメセスという町についての記憶も消し去られることはなかったからである。後者について言えば、この町はエジプトのテキストでは、出エジプト記一章11節にあるように「ラメセス」という人名のみと結びついた形ではなく、「ラメセスの家(*pr-R'-ms-sw*)」と呼ばれている。「ラメセス」という人名と「ピトム」(エジプト語で *pr-Jtm*、「アトム〔神〕の家」)という町の名はむしろ、前七世紀の歴史的状況を指し示している。文学としての性格を考えても、当該テキストが前七世紀以前に成立していたということはありえない。それゆえ、出エジプト記の冒頭のこのテキストは、前二千年紀の状況の再構成にはおよそ用いることのできないものなのである。

それでは、「エジプトのイスラエル」について何を語りうるであろうか。また、出エジプトの物語の歴史的核はどのようなものであろうか。信頼できる史料がほとんどないので、ある程度は憶測にとどまらざるをえないが、次のようなシナリオが考えられるであろう。

メル・エン・プタハの碑文における南レヴァント地方に関する部分の記述が、ほんとうにこのファラオの遠征に遡ると想定する限り、「イスラエル」に属する成員の一部が戦争捕虜としてエジプトに連れてこられたということがあり得たであろう（E. A. Knauf）。もしそうであれば、出エジプトという「解放体験」は、そのような戦争捕虜たちが、もはや再構成できない事情のもとで再び自由を獲得し、パレスチナ／イスラエルに戻って行ったという事態として理解することができるであろう。

前二千年紀末に起きた出エジプトの体験が根底に存するということを支持する一つの根拠として、モーセという人物の名前を挙げることができるかもしれない。「モーセ」というのは、ラメセス時代の典型的な人名の短縮形なのである。「ラメセス」という人名と同様、「モーセ」という名も一つの神名と *msj*（「生む」）という動詞を結びつけてできた名前なのである。「ラメセス」とは、「ラー（神）が彼を生んだ」という意味の名前である。エジプトの *s* の文字はヘブライ語で「シン」〔「シュ」の音〕の文字で転記される。このような言語学的細部から見ても、「モーセ」という人名（ヘブライ語では「モシェ」）が前二千年紀末にセム系言語に取り入れられたことに疑問の余地はない。それは、出エジプト記一章11節の「ラメセス」の名称のように後代のものではないのである。

したがって、次のように考えることは可能であろう。すなわち、（戦争捕虜の）小さな集団が、ラメセス時代のファラオたち（第一九―二〇王朝）のもとでエジプトに行き、そこからもはや再構成できない事情のもとで再び南レヴァント地方に戻って来て、古い都市国家シケムのある山地に住んでいた例の「イスラエル人たち」と融合した。そして、エジプトからの奇跡的な逃亡と神ヤハウェによる加護についての彼らの物語（出二〇2、申二六5―9参照）が、その後、イスラエル全体にとっての自己同一性（アイデンティティ）を創設する役割を果たすようになったのである。

ペリシテ人、「カナン人」、アラム人と初期イスラエル王国（前一一／一〇世紀）

聖書の士師記とサムエル記（上下）は、士師たちによるイスラエルの民の支配と王国建設について物語る。以前はこれらの出来事が好んで前一〇〇〇年前後のこととされてきた。しかしこの時代は、少なくともそれ以前の諸時代と同程度に、歴史的な再構成が難しい。多くの研究者は、縮減された聖書の歴史像に従いつつ、士師記やいわゆる「デボラの歌」（士五章）に基づき、当初並存していた個々の諸部族が次第に相互に結び付き、組織化されて連合を形成し、ついには王を求める要望が生じたのだ、と推測してきた。最初の王はサウルで、それに若い支配者ダビデが続いた。旧約聖書の記述によれば、ダビデはペリシテ人と戦い、王に即位した後にエルサレムを征服してこの町を自分の王国の首都に定めた（サム下五章）。

前一一―一〇世紀の歴史的再構成は、本節の標題に掲げた諸民族から出発しなければならない。すなわち、ペリシテ人と地元の先住民（「カナン人」）、そしてアラム人である。実際にサウルとダビデのもとで王国が成立したのであれば、この事態は、当時の南レヴァント地方の地政学的な状況から説明されねばならない。前一一五〇／四〇年頃に、エジプトはこの地への支配力を失いつつあった。レヴァントではそれに代わって、「海の民」とも呼ばれる新しい民族諸集団が影響力を獲得していた。彼らは、エーゲ海やバルカン半島、小アジアや西アジアからやって来て、前一二世紀にパレスチナの海岸平野に侵入して来た諸集団である。ラメセス三世（在位前一一八七―五七年）の時代のエジプトの神殿の壁の浮彫には、前一一七五年頃に起きたエジプト軍と海の民の戦闘の模様がドラマチックに描かれている（HTAT 093）。以前の研究では、エジプト側の視点に従いつつ、「後期青銅器時代の海の民の来襲」が再構成され、海の民の一集団が放火や略奪を繰り返しながら南レヴァント地方を荒らし回り、後期青銅器時代の都市文化に終止符を打ったと考えられていた。しかしその際には、エジプトの神殿の浮彫の戦闘場面は歴史的事実を写実したものではなく、世界を維持するファラオの行為を描こうとするものであるという点が見過ごされていた。すなわちファラオは、神々の委託により、敵を打ち破って敗走させることを通じて、世界の秩序の維持を保証するのである（本書一一頁参照）。他方でこの間、後期青銅器時代の都市文化の没落には多種多様な原因があり、しかも平野と山地では異なる経過をたどり、また長い期間にわたるものであることが認識されるようになった。

歴史的に確かなことは何かと問うならば、二つのエジプトのテキストが手掛かりを与えてくれる。前一一―一〇世紀に由来する「アメンエムオペトのオノマスティコン」中の海岸平野の地名や民族名の一覧表には、アシュケロン、アシュドド、ガザといった都市と並んで、三つのペリシテ人の集団の名が挙げられている。すなわち、シャルダナ（サルダ人）、チュクル／チェケル（シケル人／シケ人）、プルスト／パラシュトゥ（ペリシテ人）である。この記述を補うもう一つのテキストが、「ウェンアメン航海記」である。これは、シリア・パレスチナの陸橋地帯を旅行したエジプトの神殿の役人が記したもので、その際に彼は、ドルやビブロスを訪れている（HTAT 100）。このテキストによれば、チュクル／チェケル人はドルに住んでおり、パレスチナ沿岸の交易路の一部を支配していた。

「海の民」が南レヴァント地方に定着したのが、ラメセス三世の意向によるのであれ、あるいはまた自分たち自身の意志によるのであれ、いずれにせよ前述の二つのテキストから明らかになるのは、初期鉄器時代における遠方との交易で海の民の諸集団が重要な役割を果たしたことと、彼らがフェニキア地方に至るまでの海岸地方に沿って住んだことである（地図Ⅰ参照）。

考古学の所見においてこの事態に対応するのが、南レヴァントで土器の種類がエジプトやキプロスからの輸入品に代わって、現地で造られた単色式（モノクローム）の装飾のものに変化することである。この土器は、前一一世紀になると、二色（バイクローム）の図像を伴う土器によって取って代わられる。後者は、後期ヘラドス土器ⅢCの様式によく似ており、「ペリシテ式土器」とも呼ばれている。そのペリシテ人には、海岸平野南部における都市文化の台頭が結び付いていた。そこでは、かつてのエジプト支配の中心地であるガザ（本書二二―二三頁参照）が引き継がれ、これにさらにエクロン、アシュドド、ガトが加わった。最後に挙げたガトは、四五―五〇ヘクタールの領地を有し、当時のパレスチナ／イスラエルにおける最大の都市であった（A. Maeir）。

そのガトの近くに、同地の遺跡が最近大いに議論の的になった町、ヒルベト・ケイヤファがある。発掘者は、僅かな期間（前一〇二五―九七五年頃）しか居住されなかったこの町をダビデ王時代のものとし、聖書の「シャアライム」（文字通りには「二つの門」）（ヨシュ一五36、代上四31参照）

と同定した。ヒルベト・ケイヤファは、ケースメート城壁〔間に部屋を持つ二重の城壁〕と二つの城門を擁する堅固に要塞化された町だったのである。考古学者たちはそこで他のさまざまな遺物と並んで二つの碑文を発見したが、その一つには「エシュバアル」（代上八33、九39参照）という名が書かれていた。その他、石柱（マッツェバ）や人物を描いた彫像の一部、祭儀用スタンド、二つの神殿の模型など、祭具とおぼしきものも発見された。

同地の物質文化は、ペリシテ人の住んだ海岸平野や隣接したガトとは明らかに異なっており、むしろ初期鉄器時代のユダ地方の居住地のそれと共通性を示す。このことは、この町がユダに属した可能性を示唆している（A. Maeir）。ただし、もともと海岸平野に住んでいた先住民が、初期鉄器時代の新しい文化に完全に同化する以前に、ペリシテ人が移住して来たので内陸部に押し込まれて、ヒルベト・ケイヤファに住むようになったという考え方もある（N. Naʾaman）。この町が、一世代後には早くも放棄されてしまうという事実は、そのようなシナリオを考えさせる。

海岸平野の北部でも、複数の異なる文化が並存していた。そこには海の民に属する諸集団もいれば、後期青銅器時代以来の古い都市国家の住民たちもいた。ガリラヤ湖のほとりの古い町キンネレト／テル・オレーメでも、そのような状況が見てとれる。同地では前一一世紀中葉（第Ⅴ層）にほぼ六ヘクタールの広さの町が成立しており、そこには祭儀諸施設や要塞諸施設があり、製粉やパン作り、オリーブ油製造など、さまざまな産業が営まれていた。土器を見ると、フェニキア地方やヨルダン東岸地方、シリア地方との交流があったことが分かる。これと比較できる現象は、ガリラヤ湖北東岸のテル・ハダル（第Ⅳ層）でも確認できる。したがって、キンネレトの第Ⅴ層とテル・ハダルの第Ⅳ層は、社会政治的な統一体をなしていたという推測が可能である。

前一〇世紀となり、聖書のベトサイダに当たるエッ・テル（第Ⅴ層）やエン・ゲヴ（第ＭⅢ層）等の町々が力を増すと、事情が一変する。ダマスコへ向かう交易路の統御とアラム人の南方に向けた関心から、ダマスコのアラム王国とガリラヤ湖沿岸の都市連合とが接触し合うようになるのである。後者はおそらく、聖書にも出てくるゲシュルの王国と結び付けることができるだろう（サム下三3、一三37、一五8、O. Sergi / A. Kleiman）。

これに、「ウェンアメン航海記」や考古学的所見が示すように、海岸地方のフェニキアの町々（ドルなど）が付け加わる。こうしてみると、南部に始まり、海岸平野を経て北部やガリラヤ湖周辺に至るまで、各地で再都市化が進んでいたことになる。このことは、パレスチナ中部の山地にも影響を与えずにはいない。サウルのもとでの王国の形成の理由を探れば、ここにその答えが見いだされるかもしれない。すなわち、前一一―一〇世紀には遠方交易に基づき海岸平野の都市文化が息を吹き返し、他方で北のアラム人と南のペリシテ人という新しい政治的要因が出現するような状況下で、パレスチナ中央山地の小さな居住地群に住む人々は、相互の連携や村落外との婚姻（族外婚）を通じて、地方的な同盟を結び、その共同体内部で指導者制（「酋長制（chiefdom）」）を形成するように迫られたのである。後期青銅器時代の中心的な都市国家であったシケム（テル・バラータ）が、前一一〇〇年頃破壊された後、鉄器時代初期にはほとんど人の住まないような状態にあったことや、平野部にある中心的な諸都市が当時は山地に進出しようとはしていなかったらしいことは、このような展開にとって好都合であったかもしれない。サウルの支配領域を主としてシケムの南、ベニヤミン部族の領域に位置づける聖書のテキスト（例えばサム上九4）は、このような事態と符合している。

したがって、前一一―一〇世紀における「イスラエル」も、やはり山地、すなわちかつての後期青銅器時代の都市国家シケムやエルサレムのあった地域――とりわけ前者が明らかな焦点――に位置付けられるべきであろう。この「イスラエル」に属したかもしれないと考えられる居住地のうち、エルサレム以南にあったものは二〇ほどにすぎない。その他の一〇〇以上の居住地は、すべて北にあった（地図Ⅱ参照）。それでは、聖書の伝承がまさに南部に位置付けるダビデの王国にとって、この事態はいったい何を意味するのであろうか。

ダビデとエルサレム（前一〇世紀）

ダビデの王国を歴史的に把握するうえでのあらゆる困難にも拘わらず、疑問の余地のないことが一つある。ダビデという王が実在した蓋然性は非常に高い、ということである。聖書のダン（テル・エル・カーディー）から出土した一つのアラム語の碑文には、アラムの王ハザエル（在位前八四三―〇三年頃）が「ベトダウド（*bytdwd*）」の一人の支配者を打ち負かしたことが記されている（HTAT 116）。断片的な保存状態のこの碑文からは、それがどの王なのかは分からないが、「ベトダウド（*bytdwd*）」が「ダビデの家」〔ベート・ダーウィード〕と解釈できることは確実である。したがって、前九世紀に、ダビデという王にちなんで呼ばれる一つの支配者の家系が存在していたのである。

このダビデ王についての聖書のテキストは――そこにいかなる歴史的内容を帰そうと望もうとも――一つの限られた視角を提供するにすぎない。このことは、一連のテキストの地理的情報に始まり、エルサレム征服の記事まで及ぶ。ペリシテ人の町ガトに言及されること（サム上一七章、二一章、二七章、サム下一五章）は前一〇世紀の状況を示唆するが、サムエル記下二章1―4節（サム下二11、五5、王上二11をも参照）によればダビデの戴冠が行われたとされる町へブロン（ジェベル・エッ・ルメーデの付近）には、鉄器時代ⅡAの初期にはほとんど人が住んでいなかった。

ダビデ王についての歴史的核を確認しようとするなら、それはおそらくペリシテ人との対決と、エルサレムへの照準ということに求められるであろう。エルサレムは、山地に残った唯一の後期青銅器時代の町なのである。

エルサレムには、イスラエル以前の長い前史があり、すでに銅石器時代（前四五〇〇年頃）から人が住んでいた。遅くとも中期青銅器時代ⅡB（前一七〇〇年頃以降）には、エルサレムは城壁で囲まれており、同地にある泉は二つの堂々たる塔によって守られていた。前一九―一八世紀のエジプトのテキスト、いわゆる「呪詛文書」にも、この町が名指されている（HTAT 03）。前一四世紀のアマルナ文書には、アブディ・ヘパ（「ヘパ［女神］の僕」の意）という名の都市国家エルサレムの王が言及されている（HTAT 057–060）。

エルサレムがいかにしてイスラエルの支配下に組み込まれたのかについては、よく分からない。聖書が物語るような、ダビデのもとでの軍事的征服（サム下五6―8）ということは、あまりありそうにない。前一〇世紀のエルサレムは大きな都市ではなく、小さな支配者の居城にすぎなかった。一部の考古学者は、エルサレムにある「階段状石造構造物（stepped stone structure）」（地図Ⅲ参照）を手掛かりにして、聖書の語るダビデの大王国のイメージに固執しようとしている。二七×五〇メートルのこの記念碑的な構造物は、組織的に管理された大規模建築活動があったことを示唆するからである（E. Mazar）。しかし、この町の南東の丘（「ダビデの町」とも呼ばれる）にあるこの建造物の中核部分は、ダビデ以前の時代（前一二／一一世紀）に由来し、その後長い時間をかけて――おそらくはハスモン王朝の時代に至るまで――拡大していったものなのである。たとえ一部の考古学者たち（O. Lipschits / I. Finkelstein）に同調して、前一〇世紀のエルサレムを南東の丘にではなく、神殿の丘に位置づけたとしても、ダビデの時代のエルサレムが、最大限に見積もっても人口二〇〇〇人程度の小規模な支配者の居城にすぎなかったことに疑問の余地はない（H. Geva）。

エルサレムの町の王としてのダビデが統治した領域が、後期青銅器時代の同名の都市国家の領土の境界内部に収まるもの――ただし、人口はより増えていたであろうが――であったことは明らかである（地図Ⅱ参照）。アマルナ文書では、エルサレムの町の王アブディ・ヘパが、五〇人の兵士で自分の領土を支配できていると記している（HTAT 058）。おそらく、ダビデのもとでも事情はそれほど大きく異なってはいなかったであろう。

ソロモンと古代オリエント世界（前一〇世紀）

ダビデ同様、ソロモンもまた四〇年間統治したとされている（王上一一42、同二11を参照）。これを換言すれば、旧約聖書を書いた書記たちは彼らの実際の統治年数を知らなかった、ということである。一九六〇年代の学界ではなお、ハツォル、メギド、ゲゼルに見られる巨大な建造物を自明であるかのように「ソロモンの大王国」（王上九15）と結び付けていた（Y. Yadin）。ところが今では、ソロモンの王国の境界は、それ以前のダビデの支配領域に関して言えたことをほとんど超えるものではなかったことが疑問の余地のないものとなっている。

ソロモンの時代は、メソポタミアとエジプトの双方で新しい支配者たちが権力を掌握した時期に当たる。前一一世紀における中期アッシリア王国の没落の後、アッシュル・ダン二世（在位前九三五―一二年）は新アッシリア帝国の建設を開始し、この帝国は前九世紀には、シャルマナサル三世（在位前八五八―二四年）のもとで南レヴァント地方にまで拡張された。エジプトでは、国力の強化がもう少し早く始まっていた。前一〇七七年にラメセス朝の支配が崩壊した後、シェションク一世（在位前九四三―二三年）は国家の再統一に成功した。彼が創始した第二二王朝は、前一〇七七年頃にリビア人の支配者たちが建設した第二一王朝から派生したものである。当時は北にタニス、南にテーベと二つの政治的・宗教的な中心地があって、内政的にエジプトの命脈を保っていた。それゆえ、前一一世紀から前一〇世紀初頭にかけては、ファラオたちの積極的な対外政策はほとんど見られなかったのである。

ソロモンの支配との関連で言えば、第二一王朝の最後から二番目のファラオであるシアメン（在位前九七八―五九年）にもこのことが当てはまるかどうかが決定的な問題となる。多くの研究者は、ソロモンとシアメンの間に直接的な接触があったことを前提としている。なぜなら、列王記上によれば、ソロモンは「ファラオの娘」と結婚していたとされている（王上三1、七8、九16、24、一一1）からである（K. Kitchen）。ただし、それらのテキストからは、より正確な記憶は読み取れない。ファラオもその娘も名前が記されていないからである。ファラオの娘についてのこの注記は、ソロモンを偉大な王として描き出そうとするソロモンの物語（王上三―一一章）という、別種の文脈の中に含まれている。それらのテキストの分析からは、ソロモンの広範囲にわたる交易関係や対外接触についての記述（王上九―一〇章）が、実はアッシリア時代――したがって前八―七世紀――の歴史的状況（本書五二頁参照）を前提としていることが分かる。

考古学的に見れば、たしかに前一〇世紀頃には国際交易の活発化が確認できる。しかし、ソロモンの王国がこれに参与した形跡はない。すでに前一一世紀に、銅の取引が再開されていた。アラバ地方のフェイナン（今日のヨルダン）やその南にあるティムナの古い銅鉱山では、銅の生産が始まっている。銅は陸路でフェニキア（およびペリシテ地方）の海岸の諸都市に運ばれ、そこからギリシアにまで輸出された。冶金学的分析の結果、前九五〇―七五〇年頃のギリシアの鼎に用いられた銅がヨルダン東岸地方にあるフェイナン産であることが分かっている（M. Kiderlen）。フェニキアの町シドンの考古学的状況についても、同じようなことが言える。そこではキプロス産の土器が発見されてはいるが、銅はシナイ地方の銅鉱山から輸入されたものなのである。

もし、シナイ半島の銅鉱山が半遊牧的な部族諸共同体によって経営されていたのであり、それらの諸共同体がネゲブ地方（例えばヒルベト・エル・マシャーシュ／テル・マソース）の同じような諸集団と接触していたのだとする学説が当を得たものであるとすれば、アラバからネゲブ砂漠の交易路を経由して海岸地方のペリシテやフェニキアの諸都市にまで至り、そこからさらに地中海を超えてエーゲ海地方に通じる交易ルートを再構成することができる。この交易路に沿ってエジプト式の土器が発見されていることや、シェションク一世の時代に、ワディ・フェイナンの銅鉱山での鉱業生産の激増が確認できることも、このことと符合する。エジプトの印章用アミュレット――「ラメセス時代後の大量生産品」――にも、前一〇世紀における南レヴァント地方とエジプトの結び付きが示されている。それらに刻まれた図像からは、その多くがエジプト、おそらくはタニスのアメン神殿で造られたものと考えられるが、他のものはペリシテ地方南部、それもおそらくはガザの古い神殿の周囲で造られたものと思われる。

換言すれば、ソロモンの治世に当たる時代には、エジプトと南レヴァント地方の間の交易関係と、エーゲ海地方にまで至る交易圏の拡大は確認できるが、エルサレムやソロモンがこれに関与したことを裏付ける証拠は何もないのである。むしろ、シェションク一世のパレスチナ遠征は、〔――碑文に何の言及もないので――〕前一〇世紀にはエルサレムもまたこの町の王も、地域レベルを超える重要性は持っておらず、当時の国際的な交易にも関与していなかったことを物語っている。

シェションク一世のパレスチナ遠征とソロモンの建築政策

前一〇世紀における古代オリエント諸王国の強盛化の結果、エジプトでは、ラメセス朝の支配の終焉以降初めて、積極的な対外政策に目が向けられるようになった。シェションク一世（在位前九四三―二二年）は、国を内政的に統一した後、その治世の終わり頃（おそらくは前九二六／二五年頃）、南レヴァント地方への遠征に打って出た。一部の研究者たちは、シェションク一世が古いラメセス朝時代の覇権を再建しようとしたのだと考えている。ただし、このファラオの軍隊が通過した経路を見れば、交易路の支配が意図されていたということが読み取れる。ネゲブ砂漠を貫通する交易路と並んで、海岸平野を通過する道路（「海の道（ヴィア・マリス）」）が彼の関心の的であった。メギドからは、シェションク一世の名前の刻まれた大きな石碑の断片が発見されている。このことは、シェションク一世が、例えば古くからのエジプトの軍隊駐屯都市であるベト・シェアンなどではなく、メギドを政治的中心地にしようと意図していたことを示唆するかもしれない。その理由には、ペリシテ人が支配する陸上交易とフェニキア人による海上交易が交差する、海岸平野の重要性ということがあっただろう。

シェションク一世のパレスチナ地名表（HTAT 102）に挙げられた地名の順序からは、特別攻撃小隊がメギドから内陸部に向けて進軍したことが推測できる。その際に目を引くのは、イスラエル王国〔後の北王国〕の歴史で重要な役割を演じる諸都市が挙げられていることである。すなわち、ペヌエル（五三番）、スコト（五五番?）、マハナイム（二二番）等である。エルサレムは名を挙げられておらず、その他のユダ王国の町々にもファラオの軍隊の関心は向けられていない。このことは、ソロモンの死の直後――列王記上一四章25節では、この遠征がソロモンの後継者レハブアムの治世第五年に位置付けられている――のユダが、依然として重要性を持っていなかったことを示唆している。当時のユダには、エジプトのファラオの注意を引き付けるような、言うに値する影響力も、魅力的な領土もなかったのである。

もし、ソロモンに広範な交易活動も、エジプトとの直接的な関係もなかったとしたら、ソロモンについてはいったい何を語りうるだろうか。聖書テキストは、ソロモンにエルサレム神殿の建設を結び付けている。列王記によれば、（より古い時代の先行建造物の跡地に?）シリア式の三部構造の縦長の神殿が建設された。列王記上六―七章には、この神殿の寸法が誇張して記されている。そこでの数字を真剣に受け止めれば、それはレヴァント地方に存在した最大の神殿ということになる。それは、アタロト、ベト・シェアン、ペラ／タバカート・ファヒル、テル・アーフィース、テル・タイーナートに見られる神殿よりもはるかに大きいのである。それほどの巨大建築物であれば、ソロモン治下の都市国家エルサレムの経済力をはるかに凌駕してしまったはずである。〔エルサレム神殿が〕聖書に描かれたような建物ではなかったことは、建築学的にそれに最もよく似た形態を示すテル・タイーナートの神殿が、前九世紀の末から前八世紀初頭のものであることにも示されている。それゆえ、エルサレムの神殿を前一〇世紀のソロモンと結び付け、その建設の諸事情をより正確に規定しようとするあらゆる試みには、十分な慎重さが要求されるのである。

それでもなお、ソロモンのもとでの神殿建設という説に固執しようとするのであれば、それが実際にどのような経過を辿ったのかについての手掛かりは、列王記上五章15―26節と同九章10―14節に見られるかもしれない。これら二つのテキストは、現在の形では前七世紀以前に成立したものではありえないが、そこにはソロモンがフェニキアの都市国家ティルスの王ヒラムから杉材を買い入れたことと、その対価を食料（小麦と油）で支払ったことが報告されている。この記述は、先にも述べたエジプトの「ウェンアメン航海記」の記述とも一致する。すなわち後者においても、杉材の交易の主体がフェニキア人の手にあったことと、神殿建設のための木材がフェニキアから輸入されていたことが記されているのである（HTAT 100）。したがって、列王記上五章と同九章の記述には、歴史的な核が含まれている可能性がある。ただし、ソロモンがそのためにガリラヤの二十の町々をヒラムに割譲した（王上九11―13）という情報は、そのような歴史的核には属さない。なぜなら、それはソロモンがガリラヤ地方を支配していたということを前提としているが、現実的な状況として、それはおよそありそうにないからである。なぜなら、古い山上の砦の町エルサレムの王としてのソロモンが支配した領土は、後期青銅器時代の都市国家エルサレムの境界を超えるものではなく、本質的にダビデの勢力圏に一致するものにすぎなかったからである。ダビデの町の北側に神殿を建てるためには、フェニキア人との連携が必要であった。列王記上六―七章の神殿建設記事に物語られているような木材やその他の資材は、フェニキアから輸入する以外になかったからである。

まとめ

メル・エン・プタハ碑文（前一二〇八年）からシェションク一世のパレスチナ遠征（前九二六／二五年）までの時代の「イスラエル」は、古代オリエント世界の辺境に位置する存在であった。それは差し当たっては、平野（おそらくはエジプトの支配するある町の周囲）に住む一つの人間集団を指したが、この集団は、後期青銅器時代の都市文化が没落する時期になると、エジプトの支配を抜け出して山地に定着した。時を経るうちに、小規模な居住地群の間に連合が形成され、そこからやがて一つの（部族）王国が生まれた（サウル）。聖書のテキストによれば南部を舞台に活動したダビデのもとで、後期青銅器時代の〔ユダの〕山地に存在したただ一つの町、エルサレムに焦点が絞られる。そのエルサレムは、すでに後期青銅器時代にかなり広い領域の行政の中心地であったが、政治的な重要性はあまりなかった。

エルサレムをイスラエルの町としたのがダビデの功績であったとすれば、ソロモンのそれは、それまでの山の砦〔エルサレム〕を宗教的な中心地に発展させたことであった。小さな神殿を建立するためには、フェニキア人との交易関係が必要であった。貴重な木材は、フェニキアからしか得られなかったからである。ただしこのことは、ソロモンが聖書の記述が描くように周辺諸国との広範な交易関係を持っていたことを意味しない。むしろ、通商上の海路を支配していたのはフェニキア人であり、陸路を支配していたのはペリシテ人であった。特に後者はエジプトや、アラバの鉱山地帯と接触が密であった。ソロモンの王国は、そのような交易路のいずれからも切り離されており、大国群の陰に隠れた存在であった。

第二章　サマリア征服までのイスラエルとユダ（前九二六／二五―七二二／二〇年）

イスラエルの歴史についての聖書の記述によれば、ダビデ・ソロモンの王国の時代に続いて、イスラエル北王国とユダ南王国への「王国分裂」が起こった（王上一二章）。しかし、歴史的に見れば、そのような王国分裂はなかった。ダビデとソロモンの支配は、北には及んでいなかったからである。むしろ、二つの領域単位が並存していたということから出発すべきであろう。すなわち、北には後期青銅器時代の都市国家シケムの領土があったが、その首都シケムは依然として破壊されたままであった。これに対し南には、後期青銅器時代の都市国家エルサレムの領土があったのである（地図Ⅱ参照）。北における展開について言えることは、前一〇世紀に再都市化が起こったことと、それが前九世紀にオムリ王朝の王国という形に結実した、ということだけである。シケム／テル・バラータでは、この町が破壊されてから約一五〇年後の鉄器時代ⅡＡに一つの小規模な居住地が出現し、それが少し後の時代に一つの町に置き換わったことが確認できる。

ただし、このような展開について、旧約聖書は何の情報も与えてくれない。聖書の歴史記述は、その関心をもっぱらユダに集中させているからである。前四／三世紀に成立した歴代誌ではこの傾向が極端にまで進み、イスラエル王国にはもはやまったく言及されないという事態に至っている。しかし、歴史的に見れば、事態は正反対であった。北のイスラエルは、一つの重要な王国であった。これに対し、南のユダが繁栄を謳歌するのは、イスラエル王国がもはや存在しなくなってから、すなわち前七二二／二〇年以降のことなのである。

古代オリエント世界と新アッシリアの西方拡大

イスラエル王国の歴史は、古代オリエント世界におけるもろもろの政治的な出来事を背景にして見られねばならない。南レヴァント地方は、後期青銅器時代にはエジプトの強い影響下にあったのに対し、イスラエル王国とユダ王国の時代にはアッシリアという存在によって規定されるようになった。新アッシリアの王たちが西方への拡張政策に乗り出したことにより、それまで相互に独立していた南北レヴァント地方の都市国家群や地方的な諸王国群は、相互に同盟を組むことを余儀なくされた。ほぼ二〇〇年間にわたって、新アッシリアの王たちは繰り返し、その都度組み合わせの異なる反アッシリア同盟と対決することになった。しかしこれらの同盟は、アッシリアの侵攻を押し止めることはできなかった。前七世紀になって新アッシリアがエジプトにまで攻め込み、新バビロニアがそれに付け込んでアッシリア本土の中核地域に侵攻したとき、ようやく新アッシリアの支配者たちは南レヴァント地方から撤退していったのである。

〔アッシリア興隆の〕先鞭をつけたのは、アッシリア王ティグラト・ピレセル一世（在位前一一一七―一〇七七年）であった。彼は、ヒッタイト帝国の遺産を受け継ぐことを目指して地中海岸にまで進出し、海岸地方の諸都市、シドン、ビブロス、アルワドなどから朝貢を受けている（TUAT I/4, S. 356-357）。ただし、この領土拡張は短期間しか続かなかった。その後〔アッシリアでは〕あまり力のない支配者が続出したが、前一〇世紀から前九世紀の転換期になると、アダド・ネラリ二世（在位前九一一―八九一年）のもとでアッシリアの西方への大規模な領土拡張が始まる。この王はバビロニア人やアラム人への遠征を繰り返し、征服された諸地域に直接的な国家管理を導入した。彼の後継者たちは、この王の拡張政策をさらに推し進め、そのために貢納を課した諸地域への管理システムを創出した。

トゥクルティ・ニヌルタ二世（在位前八九一―八八四年）とアッシュル・ナツィルパル二世（在位前八八四―五九年）のもとで、北シリアとキリキアの大部分がアッシリアに服属した。彼らの後継者であるシャルマナサル三世（在位前八五九―二四年）は、帝国を西と南に拡張させた。また、前八五三年から前八三八年の間に、シャルマナサル三世は南シリアを標的とする六回もの遠征を行ったが、その模様については、新アッシリアの王碑文に記録されている（HTAT 106-114）。

その後、前九世紀の後半にはアッシリアが弱体化し、アラム系の諸都市国家、特にダマスコはこれに付け込んで大いに政治的な利を得た。しかし、新アッシリアの拡張政策は、ティグラト・ピレセル三世（在位前七四五―二七年）のもとで最高潮を迎えることになる。彼はほとんど西アジア全体を支配下に収め、厳格に組織化された属国システムを確立した。そして彼はこのシステムを、国家神アッシュルの世界支配権の主張ということで宗教政治的に根拠づけた。属王たちは貢納を義務付けられ、その義務を怠ったり覇権勢力に歯向かったりすれば、強制移住、君主の交代、領土のアッシリア属州網への編入といった罰を受けた。

このような妥協を許さない政策は、経済的な諸目的に従事する一つの行政システムの確立と結び付いていた。両者は相俟って、一つの注目に値する文化的な発展を生むことになった。アッシリアの支配のもとで、南レヴァント地方では諸都市が大いに発展し、また、交易路のさらなる国際化が進展したのである。前八世紀から前七世紀にかけての新アッシリアの拡張政策の頂点の時期に、フェニキア人は、地中海を超えてスペイン南部にまで彼らの交易圏を拡大させた。また、新アッシリアによって任命された「タムカールム」と呼ばれる商人たちは、超地域的な通商エージェントとして南北レヴァント地方の間を活発に動き回った。ソロモンの物語中の列王記上一〇章28―29節の短い注記には、このような状況についての知見が文学化して取り入れられているように見える。すなわち、ソロモン王が、エジプトから南レヴァント地方や北シリアを股にかけて活躍する大商人たちのパトロンだったかのように描かれているのである。

シェションクのパレスチナ遠征（前九二六／二五年）からサマリアの征服までのイスラエルとユダの歴史にとって、新アッシリアと並んで重要な役割を果たしたのが、アラム人である。前一〇世紀から前九世紀にかけて、ユーフラテス川流域からシリア南部までの地域に、数多くの地方的王国やアラム系の小国家群が成立した。北のフェニキア人の諸都市や南のペリシテ人諸都市がいかなる拡張政策とも無縁であったのとは対照的に、アラム人は繰り返し、刻々と変化する政治状況を自分たちの諸目的のために利用しようと企てた。前九世紀には、アラム・ダマスコが強盛となり、ガリラヤ湖沿いのゲシュルや、ベト・レホブ、アベル・ベト・マアカといった小国家群を服属させるようになった。このことは、イスラエルの歴史にとっても影響すること大であった。列王記ではヤロブアム一世（在位前九二七／二六―〇七年）の支配領域はベテルからダンまでであったとされているが、これは歴史的にはありえないことである。列王記上一二章29節によればベテルと並んでそこにイスラエルの国家聖所があったとされる聖書のダン／テル・エル・カーディーは、アラム人の支配期の後、ようやく前八世紀初頭になってからイスラエルの領土になったのだからである。

イスラエル王国とオムリ王朝の支配

前九世紀におけるイスラエル〔北〕王国の歴史は、以下の四つの古代オリエントの史料から再構成することができる。（一）モアブの王メシャの碑文、（二）シャルマナサル三世の年代記、（三）前八四一年の「黒色オベリスク」、（四）一九九三年に発見されたテル・ダン碑文。これらの四つのテキストを古代オリエントの歴史や考古学的所見と組み合わせれば、前八八〇年頃のオムリ王朝によるる領土拡張政策に始まり、新アッシリアの覇権獲得を超えて、三〇年ほど後のアラムの王ハザエルの強盛化にまで至る、一連の出来事が再構成できる。ハザエルは前八三〇年頃、アッシリアが一時的な衰退期に入ったのに付け込む形で、イスラエルと（おそらくは）それに服属していたエルサレムのダビデの家を圧迫したのである（王上二二章の記述とは異なる）。

ヨルダン東岸地方のディボン／ディーバーンで発見されたメシャ碑文（HTAT 105）からは、オムリ王（在位前八八二―七一年）のもとでのイスラエルの領土拡張について知ることができる。オムリは、アラム人とアッシリア人が睨み合っているという状況に付け込んで、ヨルダン東岸のモアブの地への勢力拡大を敢行したのである。モアブの国家神ケモシュに捧げられた聖所で見つかったこの建築碑文には、オムリとその後継者であるオムリ王朝の王たちが支配した一連の町の名が挙げられている。テキストに言及されているのは、なかんずくヤハツである（一九行目）。これはおそらく、モアブ北部にあるヒルベト・エル・ムデーイネに同定でき、前九世紀頃には一つのケースメート城壁と六つの脇部屋のある小さな一つの城門によって要塞化されていた。

ここには、オムリ王朝時代の二つの考古学的な特徴が示されている。すなわち、町々が要塞施設と宮殿施設によって拡張されているのである。そのような機能的建造物は、メギド、ハツォル、ゲゼル（六つの脇部屋のある城門）に見られ、さらには、アシュドド、ラキシュ、テル・マロト、ティルツァ／テル・エル・ファルーア（北）、テル・エル・カシーレでも確認されている。ただし、これらの建物がすべての場合、オムリ王朝と結び付いているわけではない。例えばドルの機能的建造物は、オムリ王朝時代の特徴を示しはするが、同地の鉄器時代ⅡAの考古学的状況から判断すれば、ドルは依然としてフェニキア人により支配されていた。

オムリ王のもとで、サマリアがイスラエル王国の首都となり、町として拡張された（王上一六24）。この町は交通上の要衝にあり、海岸を下る交易路（「海の道（ヴィア・マリス）」）に通じる東西横断路沿いに位置し、またエルサレムとイズレエル平野やベト・シェアンを結ぶ南北の通路にも近かった。サマリアは、鉄器時代Iにはまだほとんど人が住んでいなかったが、この時代以降、大きな角石で造られた雄大な宮殿複合体が敷設され、(後から付け加えられた?)ケースメート城壁で防備された。同時に、この町がオムリ時代以前から持つ、農業中心地としての意義も差し当たってはそのまま保たれた。

サマリアは、サマリア山地の南側における、葡萄酒醸造とオリーブ油生産の拠点でもあった。宮殿地区は約二・四ヘクタールを占めるにすぎず、これはオムリ王朝が支配した領域における他の町々(シケム、ティルツァ、ペヌエル、イズレエル)の宮殿地区と比べてもそれほど大きくはない。このことは、オムリの王国が移動式であって、〔王居が〕さまざまな町の間で入れ替わったことを示唆するのかもしれない(H. M. Niemann)。他方で、農業中心地であったサマリアが王居になっても、そのこと自体は差し当たってはこの町の領域拡大につながらなかった、ということも考えられる。いずれの判断を採るにしても、確実なのは、オムリ王朝のもとでイスラエルの王たちが、古代オリエント世界の政治的な舞台で一つの重要な勢力にのし上がったということである。

経済的にも、イスラエル王国は周囲との繋がりを強めた。サマリアで発見された高価なフェニキア産の象牙細工の宝飾品は、遠方交易への関与と、美術工芸の領域におけるシリア・フェニキアの伝統の影響を裏書きしている。これらの年代のはっきりしない象牙細工の品々を、列王記上二二章39節に言及されているアハブ王(在位前八七一―五二年)の「象牙の家」と結び付けることが許されるとすれば、それらはオムリ王朝の時代のものであったということになる。ただし、ことによるとそれらは、ヤロブアム二世（在位前七八七―四七年）が創建した、より広範な遠方交易との接触を伴う行政システムに関連しているのかもしれない。いずれにせよ、イスラエル王国はオムリ王朝のもとで初めて、古代オリエント世界の「正会員」になったのであり、領土的な広がりということを考えあわせれば、旧約聖書がソロモンに結び付けているような、「地政学的なプレーヤー」になったのである。歴史的な事態がこのように誤って〔ソロモン時代に〕帰されたのは、オムリ王朝ということでは、エルサレムの書記たちの歴史像にとって都合が悪かったからである。それゆえ列王記では、彼らの王朝はきわめて簡潔に、しかも対立王の存在した（王上一六21―22）不安的な時代として描かれているわけである。

前九世紀における新アッシリア人、アラム人、イスラエル人

メシャ碑文がヨルダン東岸地方について記しているように、オムリ王朝の支配領域が縮減したことは、新アッシリアの西方拡大という事態に関連している。シャルマナサル三世（在位前八五八―二四年）と共に、全力を尽くして南西方向に侵攻する新アッシリアの支配者が登場した。何次にもわたる遠征の枠組の中で、反アッシリア連合との衝突が何度も起こったが、それらについては新アッシリアの王碑文が詳細に報告している（HTAT 106–110）。前八五三年のカルカルの戦いでは、ダマスコのアラム王ハダド・エゼルの率いる連合軍がシャルマナサル三世と対決した。この連合

軍に参加した王たちの表には、「二〇〇〇台の戦車と一万人の歩兵」を率いる「イスラエルのアハブ」が三番目の王として名指されている（HTAT 106, Z. 91-92）。挙げられた数字は歴史的に必ずしも正確ではなさそうであるが、参戦した王たちの中でもアハブが最大級の戦車軍団を率いていたとされていることは注目に値する。

新アッシリアの王碑文の主張とは裏腹に、カルカルの戦いはシャルマナサル三世側の勝利には終わらなかった。むしろ、彼はその後も一五年間もの間、反アッシリア連合と戦わねばならなかった。ただし、より後代の碑文では、この連合について「海沿いの一二人の王たち」としか記されていないのであるが。〔すなわち、「イスラエル」や「アハブ」の名は見られない。〕しかし、それらの出来事にサマリアの王たちも関わっていたことは、前八四一年の碑文から明白である。すなわち、ダマスコに向けたシャルマナサル三世の遠征についての記録では、貢納者の一覧に、「ティルス人、シドン人の貢納」と並んで、「ビート・フームリーのイエフ」のそれについて触れられているのである（HTAT 112, Z. 25‴-27‴）。このことは、同じ年のシャルマナサル三世の「黒色オベリスク」の浮き彫りに描かれた一場面とも合致する。すなわち、その上から二段目の欄には、イエフ王の姿が描かれており、「ビート・フームリーのイエフの貢納」と添え書きされているのである（HTAT 113, 本書カバー写真参照）。

イエフが「オムリの家」（ビート・フームリー）と結び付けられていることは説明を要する。旧約聖書によれば、イエフ（在位前八四五―一八年）は〔オムリ王朝とは〕別の家系に属していたからである。それどころか、イエフはオムリ王朝最後の王ヨラム（在位前八五一―四五年？）をクーデターで殺害したことになっている（王下九24）。ただし、列王記下九―一〇章の聖書の記述は、強度の宗教的プロパガンダの特徴を示している。すなわちこの記述は、イエフをオムリ王朝のもとでのバアル祭儀に対する闘士として描き、悪名高き王妃イゼベルを窓から突き落とす場面を劇的なクライマックスとするような代物なのである。

歴史的には、単純に、前八四一年のシャルマナサル三世の遠征の記事が示す通りのことが起こったのであろう。イエフとアラム人、具体的にはダマスコのハザエル王の間には結び付きがあった（HTAT 112）。イエフの権力掌握はおそらく、アラム人の拡張政策という文脈の中で見られなければならないであろう。ことによるとイエフは、最初はハザエルの臣下でさえあったのかもしれない。そのイエフは、自分の王朝を創始したが、それは彼の父（王上一九16、王下九20）にちなんで「ニムシ王朝」とも呼ばれ、碑文上でも証言されている（サマリア・オストラカ、テル・レホブとテル・アマルの碑文）。シャルマナサル三世がイエフを「オムリの家」と結び付けているという事実は、オムリ王朝が（歴史的にはこの王朝が滅亡した後も）イスラエル外ではあいかわらず、政治勢力として有名であったということを示唆しているのかもしれない。

アラム人とイスラエルの結び付きは、前九世紀のイスラエルの歴史にとって重要な意味を持つ古代オリエントの第四のテキスト、テル・ダン碑文（HTAT 111）からも読み取れる。この碑文は、南レヴァント地方まで領土を拡張したアラムの王ハザエル（在位前八四三―〇三年頃）と結び付けられて然るべきである。シェフェラ〔ユダ山地西方の丘陵地帯〕や海岸平野で確認できるさまざまな破壊の跡は、このハザエルの遠征と関連している。テル・ダン碑文は、彼がイスラエルとユダの王たちとも敵対し合っていたことを裏付けている。この碑文には、「イスラエルの王」と「ダビデの家の（王）」が言及されている（HTAT 116, Z. 8'–9'）が、断片的なテキスト中の前者は「（アハブの）子（ヨ）ラム」であったこと、後者が「（アハズ）ヤ」であったことが推測できる（同Z. 6'–8'）。

したがって、前九世紀後半には、いずれもオムリの創始した王国に関連して、三つの政治的な変化が生じたことになる。すなわち、ヨルダン川東岸の領土は失われ（メシャ碑文）、シャルマナサル三世率いる新アッシリア人がシリア南部の地域を征服した（イエフの貢納）。そしてアラム人──すなわちダマスコのハザエル──が南部に支配権を拡張してきたのである。最後に挙げた事態は、アラム人とイスラエル王国、およびユダ王国の間の紛争を引き起こすことになった。この紛争は、アラム人との戦いを描く聖書の一連のテキストに文学的な名残を留めていると考えられる（王上一九15、二〇章、二二章、王下五─八章）。

前九─八世紀のユダ王国

オムリ王朝の領土がヨルダン東岸地方まで延びていたことは、南北両王国の王たちの相互関係はいかなるものであったのか、という疑問を引き起こす。そもそも、エルサレムとユダが何の関わりも持つことなしに、オムリ王朝が西と南に大幅に領土を拡張させる、などということが考えられるであろうか。

聖書のテキストには、オムリ王朝とエルサレムの支配者たちの間に多種多様な結び付きがあったことが示されている。王女アタルヤはオムリ王家の一員であり（王下八18によればアハブの娘、王下八26によればオムリの娘）、エルサレムの王ヨラムに嫁いでいた。このヨラムとほぼ時を同じくして、サマリアでも同じ名前の王が統治していた。さらに、北王国にも南王国にも、その後それぞれアハズヤとヨアシュという名前の王が権力を振るった。この一致を、同一の王がイスラエルとユダの双方を統治したのであり、したがってユダはイスラエルの「出先国家（Filialkönigtum）」であったと解釈すべきなのであろうか（C. Frevel）。

サマリアとエルサレムの王たちの血縁関係については、一部に不明瞭な点があるが、南王国の王たちであるヨラムとアハズヤがほんとうに北王国の同じ名前の王たちと同一人物であったとするには、もっと確たる証拠が提出されねばならないであろう。少なくとも確認できるのは、ヨシャファト（在位前八六八―四七年）以降一〇〇年以上（ヨタム、在位前七五六―四一年）にもわたって、南王国が北王国に対して、聖書のテキストによって「覆い隠された臣下の関係」（H. Donner）にあったということである。もちろん、それぞれの時代の政治的状況や支配者の人柄の違いに応じて、この関係は緩くなったり緊密になったりしたであろう。ことによると、ヨアシュの場合には、同君連合（Personalunion）という形でサマリアとエルサレムを同一の王が統治していたことさえあったのかもしれない。テル・ダン碑文によれば、前八三〇年頃には「イスラエルの王」と「ダビデの家の王」が並存していた。この表現は、イスラエルとユダが同格の存在として並び立っていたわけではないことを示唆している。前九世紀にイスラエルには影響力の大きい一つの王国があったのに対し、エルサレムの方ではおそらく、前一〇世紀にそうであったように、あいかわらず一人の町の王が統治していたのであろう。

考古学的な所見もこのことと符合する。エルサレムとユダにおける文化的な発展は、北王国と比較して三〇年から五〇年遅れて始まっている。エルサレムではこのことが、壮大な建築物と結び付いていた。南東の丘の「階段状石造構造物（stepped stone structure）」（本書四〇頁参照）は、見事に階段状に積まれた舗石で覆われていたが、その幅は上部で四〇メートルに及び、高さは三三メートル以上もあった。

ほぼ同じ時期に、ユダの町々の拡張と西や南に向けての居住地の拡大も始まっている。シェフェラではベト・シェメシュとラキシュ（第Ⅳ層）が、また南部ではアラド（第Ⅺ層）が要塞化されている。これにテル・ブルナのケースメート城壁とテル・エル・ヘシーの建造物を付け加えれば、ユダの西の境界と南の境界が守りを固められたことになる。

ペリシテ地方への拡大は、おそらく、前八三〇年頃アラムの王ハザエルがペリシテ人の大都市ガト／テル・エッ・サーフィーや海岸平野のその他の町々（なかんずくテル・エル・ファルーア〔南〕やテル・セラ）を破壊した後に初めて可能になった。ユダが関心を向けたのは、ガザからラキシュに向かう交易路――それはテル・エル・ヘシーによって守られていた――や、ネゲブ地方を貫いている遠方交易路を統制することであった。アラバとの銅交易は前九世紀中葉には途絶えていたが、南方へと向かう交易路は依然として重要であった（E. Ben-Yosef / O. Sergi）。

一つの重要な考古学的所見が、交易諸地域へのユダの拡張がイスラエルの関与なしには不可能であったことを物語っている。カデシュ・バルネアの南方約五〇キロメートルに位置する、紅海沿岸の港町エイラトに向かう古い通商路沿いの場所で、前八世紀初頭に由来する一つの交易用宿営地が発掘された。それは要塞のように防備されており、大きな中庭を取り囲む構造になっていた。クンティレト・アジュルドと呼ばれるこの施設で発掘者たちは、宗教史的に重要性のある碑文の書かれた大きな貯蔵用の甕を複数発見した。その碑文には、イスラエルの神ヤハウェが女神アシェラ――すなわちシリア・フェニキアの宗教で重要な女神――と並べて言及されていたのである。このことは、旧約聖書におけるアシェラへの論難（王上一四15、一五13、王下一七10、一八4参照）とは正面から対立する。

碑文の書体、土器の形状、放射性同位元素C14による調査から、この施設が前八世紀初頭のものであることが分かっている。壁に描かれた絵画や甕に見られる図像は、フェニキアの影響を感じさせる。しかし、「サマリアのヤハウェ」という呼称は、北王国を示唆している。この交易用宿営地は、前八世紀の五〇年代から二五年頃まで使用されていた。それは、紅海を通じた海上交易と関連していた可能性があり、その交易はおそらくはフェニキア人の協力によって営まれていたのであろう（エツヨン・ゲベル／ジェジーラト・ファラウーン）。これに、クンティレト・アジュルドで発見されたユダ製の土器を付け加えれば、交易政治的に重要なこの事業にユダもまた関与していた可能性が出てくる。実際にこのことは、列王記上のある箇所に文学的な名残を留めている。ただし、そこでは出来事がユダ側の視角から見られている（本書一一一頁参照）。すなわち、列王記上二二章49―50節によれば、ユダのヨシャファト王（在位前八六八―四七年）は、遠洋交易に関するオムリ王朝の王の共同事業の提案を拒絶しているのである。

前九世紀におけるユダ王国のあり方のこのような再構成をダビデとソロモンの時代に結び付けるなら、ユダにおける「国家的」な諸要素、すなわち中央政府や町々の拡張ということは、エルサレムの支配者たちがサマリアの王たちと密接な関係にあったような時期になってから、初めて証拠付けられるということが判明する。オムリ王朝の政策が、南王国ユダにおける文化的発展の触媒になったのであり、それが前九世紀後半のハザエルのもとでのアラム人の領土拡張でさらに促進されたのである。前九世紀初頭のエルサレムの町の王たちについては、前一〇世紀のダビデやソロモンの時代とそれほど変わらないものだったと想像できるが、いまやそのエルサレムの王たちは、自分たちではほとんど影響を与えることのなかった一つの展開の受益者になったというわけである。ただし、このことが経済的に重要な交易路の統御というところまで及ばなかったということを、クンティレト・アジュルドの例は示している。すなわち、ユダの西方や南方で要塞群が拡張されたとはいえ、そのことはエルサレムの王たちが独力で交易路を統御できたということを意味しない。彼らはあくまで、イスラエルの王たちに依存していたのである。

ユダが、古代オリエント世界の支配者たちからもそれと認められるような一つの王国にのし上がるには、なお一〇〇年ほどの時を要した。もはやテル・ダン碑文のように「ダビデの家の王」ではなく、「ユダの王」という称号が最初に記録に出るのは、ようやく前七三八年のことなのである。

前八世紀のイスラエルと国家体制の拡張

前八二四年にシャルマナサル三世が没すると、新アッシリア帝国はしばらくの間、拡張政策を停止したが、アダド・ネラリ三世（在位前八一〇―七八三年）は、栄光に満ちた古い時代を復活させようとした。この王は大軍を率いてアラム人の王国に侵攻したが、その間にアラム人は、南レヴァント地方の大部分を支配下に置き、イスラエル王国とユダ王国にも影響力を行使するようになっていた（王下一三22―25参照）。アダド・ネラリ三世はまず、前八〇五年から前八〇二年にかけて、それまでに年毎の貢納をもはや支払わなくなり、したがってシャルマナサル三世以来存在していたはずの臣従関係を一方的に破棄していたシリア地方の王たちを支配下に置いた。次いで前七九六年には、アラム・ダマスコへの遠征が行われた。

ニムルド出土のオーソスタット〔神殿等の壁に付けられた羽目板で碑文等が刻まれたもの〕に刻まれたある碑文でアダド・ネラリ三世は、自分がユーフラテス河から「エドムとペリシテ」までの町々と国々を征服し、ダマスコを攻囲した後にアラムの王（ベン・ハダド）から貢納を受けたことを自画自賛している（HTAT 121）。もう一つの石碑の碑文でアダド・ネラリ三世は、「サマリアのヨアシュの貢納」にも言及している（HTAT 122, Z. 8）。ことによると「サマリアの」という付記は、すでに北王国が平野部を失っており、ヨアシュ王（在位前八〇二―七八七年）の治世の初めの頃の「イスラエル」がもはやもっぱらサマリアとその周辺だけのある種の都市国家になり果てていることを示唆しているのかもしれない。いずれにせよヨアシュは、この貢納を通じて再びイエフ以来のアッシリアとの臣従関係に入り、それによって政治的な活動の場を獲得したことになる。アッシリアがダマスコのベン・ハダドに勝利したことにより、ヨアシュにとって、それまでアラム人によって支配されていた地域に突き進む可能性が生まれたわけである。アラム人が弱体化したからである。すなわち彼らは、アダド・ネラリ三世とその後継者であるシャルマナサル四世（在位前七八三—七三年）に対して重い貢を支払わなければならなかったのである（HTAT 124）。

聖書が証言しているヨアシュの支配領域拡大（王下一三25参照）がどこまでの範囲のものであったかについては、確かなことが言えない。おそらく彼は、古いゲシュルの王国（本書三七頁参照）があったガリラヤ湖周辺の地域まで進出できたのかもしれない。いずれにせよ彼の治世か、彼の跡を継いだヤロブアム二世（在位前七八七—四七年）の治世には、聖書のダン／テル・エル・カーディーはすでにイスラエル領となっていた。その後ヤロブアム二世のもとでは、戦略的に重要な一連の町々が砦の町々に改築された。すなわち、ガリラヤ湖畔にあるキンネレト／テル・エル・オレーメ（第Ⅱ層）や、その北に位置するハツォル（第Ⅳ／Ⅴ層）、そしてヨクネアム（第Ⅻ層）等である。これら三つは、いずれもかつてのアラム人の影響圏にあった。重要な交易拠点であったメギド（第ⅣA層）は、行政的な建物や軍事的な建物によって大幅に拡張された。さらに、経済的に重要な西方の諸地域が編入されることにより、後の経済的な躍進の基礎が据えられた。

サマリアの宮殿地区で発見された「サマリア・オストラカ」（HTAT 125-138）は、ヤロブアム二世の時代における地方のエリートたちと宮廷との緊密な結び付きについて証言している。おそらくそのような経済システムが、前八世紀末の預言者たちによる社会批判の背景をなしたのであろう。アモスの批判によれば、農民たちは富裕なエリートたちの搾取に苦しんでいたが、それは、古い自給自足の経済のモデルが一種の地代資本主義（Rentenkapitalisums）に取って代わられるような経済的発展と関連していたのである。農民たちは農地を賃借りせざるを得ず、不作にでもあえば債務奴隷に身を落とさねばならない危険にさらされていたのである。

前八世紀のユダとその首都エルサレム

アラム人の勢力喪失と、シャルマナサル四世（在位前七八三―七七三年）の後継者たちのもとでのアッシリアの弱体化により権力の空洞が生じたが、これはユダにとっても、経済的繁栄の時代を迎える好機となった。ユダの発展は、シェフェラにあるラキシュ（テル・エッ・ドゥウェール）で典型的な形で明らかになる。ユダでエルサレムに次ぐ重要性を持ったこの町は、前八世紀に（第Ⅳ―Ⅲ層）、〔北王国の〕メギドと同じく、軍事的な拠点かつ地方的な行政中心地へと拡大していた。これと比較できる要塞施設は、テル・ベート・ミルシムやベト・シェメシュにも見られた。これらに加えて、アラド（第Ⅹ―Ⅷ層）やテル・エッ・セバ（第Ⅲ―Ⅱ層）など、ネゲブ地方の要塞群も拡張された。前者〔アラド〕には、中庭に犠牲奉献用の祭壇がある小さなヤハウェ神殿と祭儀用壁龕が見つかっている。さらに、ネゲブ西部（カデシュ・バルネア）や紅海に面した要塞建築群（エッヨン・ゲベル）も挙げることができる。

全体として見ると、町々や要塞施設群の組織的な拡張は、交易路に沿って行われていることが分かる。エドム・アラビア地方に通じるネゲブ砂漠を貫く遠方交易に直接参与できるようになったことは、ユダの王たちの影響範囲を大いに広げることになった。このことにより、そもそもユダの地において初めて、エルサレムを首都――そう呼ぶに値する町――とする、本格的な国家が成立したのである。

すでに前九世紀の末には、――おそらくはイスラエル王国の影響のもとで――エルサレムに大規模な建造物が建てられるようになった。その後、文字使用を示す痕跡が増えるようになる。ギホンの泉の付近からは、一群の粘土製の印章付きの封泥（ブッラ）が発見されているが、それらはおそらく前八世紀中頃のものと思われる。前八世紀の最後の四分の一の時期からは、古代ヘブライ文字の書かれた陶片（オストラカ）が多数見つかっているが、このことは、王による行政が行われていたことを示唆している。

このような行政体制の強化は、この町（エルサレム）の領土拡張とも結び付いていた。エルサレムの居住地区は、前八世紀に西に向かって大きく拡大されており、同時に、古いダビデの町の斜面にも比較的小規模の居住地がいくつも成立している。「階段状石造構造物（stepped stone structure）」のそばにも、例えば「アリエルの家」のような、新たな建物が建造されている。町を囲む城壁はまだ存在せず、神殿の丘に近い南東の丘は無防備なままであった。

このような町の拡張事業の枠組の中で、水の供給システムも変化した。それまでは、中期青銅器時代Ⅱ（前二〇〇〇―一五五〇年頃）の水路がそのまま使われており、ギホンの泉の水が、トンネル式水路を通じて城内の一五×一〇メートルの大きさの貯水池に導かれていた。しかし、前八世紀後半になると、この貯水池は埋め立てられ、その上に建物が建てられた。おそらく、泉へのより直接的なアクセスが工夫されたのであろう。しかしこの施策も、町に十分な量の水を供給するのには不十分であった。そこで後には、ギホンの泉に通じる長さ五三三メートルのトンネルが開削された。これがいわゆる「シロア・トンネル」である（地図Ⅲ参照）。

ユダとエルサレムの強盛化は、イスラエルからの分離が時と共にますます進行したという事態と関連して見られねばならないであろう。前七三八年の新アッシリアの碑文には、「ユダ」の王が初めて言及される。そこで名を挙げられている王「ユダのヨアハズ」（HTAT 140）は、聖書の歴史書に出てくるアハズ（在位前七四一―三六年）と同一人物である。

前九世紀から前八世紀にかけてのサマリアとエルサレムの王たちの共存ないし並存関係を個々の点でどのように規定しようとも、ユダの王がイスラエルの王の陰の中に立っていたような時代が、遅くともアハズの治世――たとえ彼の先任者ヨタム（在位前七五六―四一年）の治世ではないにしても――には終わっていたのである。

ティグラト・ピレセル三世からサマリア征服（前七二二／二〇年）までのイスラエルとユダ

シャルマナサル四世以降の新アッシリア帝国の一時的な弱体化の後、ティグラト・ピレセル三世（在位前七四五―二七年）の治世になると、古い西方拡張政策が再開された。これはやがて前七二二年ないし前七二〇年のイスラエル王国の併合を経て、ついには前六六四年のエジプト征服とテーベの占領という事態にまで至ることになる。しかし、エジプトが第二五王朝の支配者たちのもとで力を盛り返すと、前八世紀の終わり頃には、ティグラト・ピレセル三世の後継者たちとの間で、今後一〇〇年以上にもわたって南レヴァント地方を規定し続けることになる、かの対立構図が確立する。すなわち、南西のエジプト対北東のアッシリアという対立構図である。

ティグラト・ピレセル三世は、彼の王国の中核部分で権力を固めた後に、前七三八年に西方遠征を開始し、間もなく古い支配諸関係を再構築した。彼は中部シリアとキリキアを服属させ、続いて南レヴァント地方に侵攻した。それゆえ同地の小国家群は、新アッシリアへの彼らの朝貢を再開することを余儀なくされた。前述した前七三八年の碑文（HTAT 140）には、ユダのアハズと並んで「サマリアのメナヘム」の名も挙げられている。このことは、ティグラト・ピレセル三世に対するメナヘムの朝貢について報告する列王記下一五章19―20節の注記とも合致する。同所ではこの新アッシリアの王が、事柄上正しく、彼のバビロニア王としての王座名「プル」の名で呼ばれている。この短い注記は、やはり新アッシリアの王たちに名指しで言及するその他の聖書テキストと関連し合っている。

ティグラト・ピレセル三世（在位前七四五—七二七年）　王下一五29、一六7、10、代上五6
（「プル」としては王下一五19）
シャルマナサル五世（在位前七二七—七二二年）　王下一七3、一八9
サルゴン二世（在位前七二二—七〇五年）　イザ二〇1
センナケリブ（在位前七〇五—六八一年）　王下一八13、一九20、36
イザ三六1、三七21、37
エサルハドン（在位前六八一—六六九年）　王下一九37、イザ三七38

ティグラト・ピレセル三世に始まり、エサルハドンにまで至るこのリストは、前八世紀から前七世紀にかけて、新アッシリアの西方拡張政策を推し進めた一連の王たちの系列と正確に一致する。したがって、前八世紀にユダ王国が〔イスラエルからの〕独立を達成するのに並行して、文字による記録も始まったように見える。それゆえ、——明らかにずっと後の時代になってから描かれた——列王記の歴史記述は、この時代あたりから、より信憑性が増す。ただし、決定的にユダ的・エルサレム的な視角が今後もテキストを規定し続けるのではあるが（申命記史書について、本書一五頁参照）。

前七三八年にティグラト・ピレセル三世は、フェニキアの海岸諸都市とイスラエル王国に貢納を課した後、ペリシテ地方に侵攻した。彼はエジプトとの境界をなすナハル・ムツルに軍事拠点を築こうとしたようである。これは、アラバを通じた香料やスパイスの交易を統御するためであろう。前述の前七三八年の碑文（HTAT 140）によれば、ユダのアハズ（王下一六8参照）と並んで、アシュケロン、アンモン、モアブ、エドムの支配者たちも朝貢している。したがってティグラト・ピレセル三世は、ヨルダン東岸地方の諸国家を含むレヴァント全土を事実上支配下に置いたことになる。ただしそれは、政治的な支配というよりも、むしろ、この時代の陸上交易全体を包摂するような一つの経済圏の創出ということであった。

新アッシリアの支配領域が大きく拡大したことは、小さな属国群や都市国家群の王たちが相互の結束を固めるという結果をももたらした。例えば、ティグラト・ピレセル三世が一時撤退した後に、ダマスコの王レツィン、ティルスのヒラム二世、そして（クーデターの後（?）、王下一五23、25参照）サマリアの王となっていた軍人ペカ（在位前七三五―三三二／三三二年）は、結託してアッシリア王に反抗しようとした。しかし、聖書の記述によれば、時のユダの王アハズは、この反アッシリア同盟への参加を拒み、相互に連携したレツィンとペカが武力を用いて彼を王座から引きずり降ろそうとすると、かえってティグラト・ピレセル三世の支援を求めた（王下一六7―8）。学界では、イスラエルによるユダに対するこの軍事侵攻が「シリア・エフライム戦争」（J. Begrich）と呼ばれている。ただし、北王国と南王国の対立が、ほんとうに聖書の歴史記述（王下一六5―6、イザ一〇27―32、ホセ五5―14）が描くほど大規模なものであったかどうかには疑問の余地がある。むしろ、ダマスコ、サマリア、エルサレムの王たち相互の連携や対立は、個々の地方的な支配者が、新アッシリア帝国の覇権的権力に対してどのような立ち位置を取ろうとしたか、という根本的な問題と結び付けてとらえられねばならない。アハズはそれとの協力に、またレツィンとペカはそれとの対決にそれぞれ活路を求めた、ということなのである。最終的には、アハズの政策がより大きな成功を収めたことになる。ただし、聖書の記述によれば、預言者イザヤはそれに猛反対したのではあるが（イザ七1—9）。

前七三三年になると、ティグラト・ピレセル三世は懲罰遠征を敢行し、ダマスコを征服し、またイスラエルの領土を著しく縮小して、新アッシリア帝国の新しい属州を複数創設した。アラム・ダマスコ、それにドルを含むかつてのフェニキアの沿岸の領域に加えて、以前はイスラエルの領土に含まれていたメギドとギレアドも属州となった。サマリアの上層階級の一部はアッシリアに捕囚として送られた（王下一五29）。サマリア自体では、ペカの死（親アッシリア勢力による？ 王下一五30参照）の後に、ホシェア（在位前七三二—七二三年）が新しい王となった。新アッシリアの碑文によれば、ホシェアは前七三一年に、バビロニア地方の町サッラバーヌに使者を遣わしてティグラト・ピレセル三世に朝貢している（HTAT 147–149, 152）。

新アッシリアの王がシャルマナサル五世（在位前七二七—七二二年）に代わると、状況が一変する。この王位交替は混乱なしに行われたのではあるが、イスラエル王ホシェアは、これを新アッシリアへの貢納を停止し、エジプトとの外交関係を開始するための好機と見たらしい（王下一七4）。ホシェアがなぜこんなことをしたのかは、よく分からない。当時のエジプトは、決して頼りになる同盟相手とは言えなかったからである。ホシェアが接触したオソルコン四世は、南レヴァント地方に近いナイル・デルタ東部を統治していたとはいえ、当時エジプトに乱立していた四人の支配者の一人にすぎない。オソルコン四世には、サマリアをめぐる紛争に介入する余裕も意志もなかったのである。ただしこのエジプト王は、直接隣接するペリシテ人の領土が対象となるや、これとはまったく異なる振る舞いを見せることになる。

ティグラト・ピレセル三世の碑文によれば、前七三四年にすでに〔新アッシリアの〕ペリシテ人との対立は始まっていた。この対決の中で、都市国家ガザの王ハヌヌはエジプトに逃走した（HTAT 142）。しかし少し後に、ハヌヌは「鳥のように」エジプトから逃げ戻り、ティグラト・ピレセル三世により、再び都市国家ガザの王に据えられた。こうした経過の正確な背景についてはよく分からないが、一連の出来事からは、新アッシリアのこの支配者もエジプトのこのファラオも、（少なくともハヌヌに関する限り）それ以上事を荒立てることに関心がなかったことが分かる。このことは、数年後に具体的に裏付けられる。すなわち、ペリシテ地方の南部に新アッシリアの大軍が配置されると、前七二〇年にオソルコン四世は、新アッシリアの王サルゴン二世に贈り物を送るという反応を見せているのである（HTAT 157）。したがってエジプトには、軍事的にそのような状況にない以上、敢えて新アッシリア人と事を構えるつもりはなかったのである。ところが、第二五王朝のクシュ〔エチオピア〕系のファラオたちの治世になると、事情が一変する。これらのファラオたちは、前八世紀から前七世紀への変わり目の時期に、シリア・パレスチナの陸橋地帯の出来事に直接的な介入を敢行するからである。

このように、前七二七年のイスラエル王ホシェアによるエジプトへの支援要請は空振りに終わり、ホシェアは孤立無援になってしまった。新アッシリアの懲罰遠征が始まるのは時間の問題であった。シャルマナサル五世はサマリアに進撃し、ホシェアを捕縛した。新アッシリアのテキストでは、シャルマナサル五世（一度）とサルゴン二世（五度）の双方が、サマリアを征服したのは自分だと主張している（HTAT 150–152）。このことは、列王記下一七章3節、一八章9―10節の注記と結び付けて考えればよいのかもしれない。この注記によれば、サマリアは三年にわたって攻囲されている。したがってサマリアの攻囲は、シャルマナサル五世のもとで始まったが、前七二二年の彼の死で一時中断され、その後前七二〇年になって初めて、サルゴン二世がこの町を最終的に征服したのであろう。

新アッシリアの史料によれば、アッシリア人はサマリアの上層階級を捕囚に送ったが、その中には職人や兵士たちも含まれていた。また、神殿の宝物を〔アッシリアの首都〕アッシュルに送ったが、それらのうちには複数の神像も含まれていたという（HTAT 151）。イスラエルは属州「サメリーナ」として新アッシリア帝国に編入され、一人の総督によって統治されるようになった。サルゴン二世の年代記には、住民入れ替え政策が行われたことが記されている（HTAT 158）。すなわち、他の民族諸集団がサマリアに入植させられたのである。ただしこのことは、聖書が物語るように（王下一七章）、かつてのイスラエル王国の地域にある種の多民族国家が成立した、ということを意味するものではない。

いくつかの手掛かりから見て、この時代に、書記たちの集団がサマリアからエルサレムに逃走したと考えられる。アッシリアへの捕囚を免れるためか、引き続き一つのヤハウェ神殿の近くで生活することを望んだからであろう。前七二二／二〇年以降の南王国ユダの置かれた状況や、この時代のヒゼキヤおよびマナセの治下でのエルサレムの拡大ぶりから見て、北から南への難民流出運動やそれと結び付いた「頭脳流出（Brain drain）」は過小評価できない類のものである。ただし、イスラエルの征服は、物質的な次元では何ら大きな影響を与えなかった。アッシリア人は、あいかわらず遠方交易と交易路の確保に関心を集中させていた。サマリア、ドル、ダンは行政の中心地へと拡張され、前七世紀にはメギド、キンネレト／テル・エル・オレーメ、ハツォル近くのアッイレト・ハ・シャハルにアッシリア式の宮殿風建築物が建てられた。数多くのアッシリアの行政文書（HTAT 164–171）は、諸属州におけるアッシリアの強い影響力を証言しており、アッシリアの法が適用されるまでに至っていたことが分かる。ただし、自分たちの畑のために納税しなければならなかった小農民たちにとっても、また大土地所有者たちにとっても、状況はほとんど変わらなかった。ただ、納められた税が、もはやサマリアにいる王の出納係のもとにではなく、新アッシリアの各行政中心地に直接送られるように変わったというだけのことである。

まとめ

イスラエル、ユダ両王国の歴史は、聖書の歴史記述とは明確に区別される。後者においては、イスラエルは一貫して否定的な見方で描かれ、オムリ王朝など簡潔に言及されるにすぎない。これに反し、ユダとエルサレムには偉大さと権力が帰されるが、そのようなものは、シェションク一世のパレスチナ遠征（前九二六／二五年）からサマリア陥落（前七二二／二〇年）に至るまでの時期、歴史的に検証することはできない。聖書外諸史料が描き出すイメージは、むしろ聖書の記述とは正反対である。偉大で影響力があったのは、ユダではなくイスラエルの方なのである。古代オリエントの大国の支配者たちと同格の立場で渡り合ったのも、エルサレムの王たちではなく、サマリアの王たちの方であった。オムリは、前一世紀のハスモン王朝の王たちに至るまでの古代イスラエルの歴史のうちで、北部のハツォルからヨルダン東岸地方までを包摂する大国を建設することができた、唯一の王であったと言えよう。エルサレムの支配者たちは、オムリとその後継者たちの治世には北王国に臣属していた。おそらくはアハズの治世（前七四一―三六年）になって初めて、エルサレムの王たちは独立した行動ができるようになった。それ以前は、彼らは「ダビデの家の」王たち（テル・ダン石碑）として知られていたにすぎなかったのだが、それが今や、「ユダの」王と明記されるようになったのである（ティグラト・ピレセル三世の前七三八年の碑文）。

前九世紀の一連の出来事は、アラム人がその影響圏を失ったとき、イスラエルとユダが重要性を獲得したことを示している。前八三〇年頃にハザエルが引き起こした海岸平野、シェフェラ地方、および南部における一連の破壊とそれによって生じた政治的な権力の空白状態が、イスラエルと――多少遅れるが――ユダの経済的な躍進を可能にした。その結果、古代イスラエル史において初めて、都と呼ばれるにふさわしいエルサレムを首都とする独立国家としてのユダ王国が存在するようになったのである。イスラエルからの政治的な独立と、アハズ王の政策の結果、ユダは、前七二二／二〇年のイスラエルの滅亡へと通じる一連の出来事に巻き込まれずに済んだのである。

これに対し、イスラエルの王ホシェアは別の戦術を選ぶことを決断した。貢納を停止し、エジプトに鞍替えすることは、アッシリア人を憤激させ、その結果サマリアは攻撃された。前七二二／二〇年にこの町が陥落することで、イスラエル王国は終焉を迎える。しかし、そのことによっても、ヤハウェ宗教の遺産と地方的な諸伝承は失われはしなかった。たとえ前七二二／二〇年以後にもサマリアにヤハウェ祭儀が制限された程度であるが存続したというわけではないにせよ、北にはさまざまな連続性が残されたのであり、ペルシア時代になってゲリジム山上に建てられることになるヤハウェ聖所（本書一二二頁参照）は、それらの連続性に結び付くことができたのである。

これに対し、ユダにとっては、歴史は今まさに始まったばかりなのである。前五八七／八六年にエルサレムが征服されるまでの約一四〇年間は、ユダにとっての繁栄期となる。この時期には、いくつもの重要な宗教史的発展が進行するだけでなく、さまざまな文学作品が書かれることになる。それらは、後のペルシア時代およびヘレニズム時代の文学創作活動の基盤となるのである。

第三章　エルサレム征服（前五八七／八六年）までのユダ王国

サマリアの征服から前五八七／八六年のエルサレム征服までのユダ王国の歴史については、数多くの聖書外諸史料が現存する。新アッシリアの王たちの碑文の他、バビロニア年代記、エジプトの諸碑文、膨大な考古学的史料などである。それらの基盤になっているのは、前七世紀から前六世紀にかけての南レヴァント地方における変化に富んだ政治的な歴史である。新アッシリアの影響圏がエジプトにまで伸長した後、新バビロニアがアッシリア本土を攻撃する。これに付け込む形で、第二六王朝のファラオたちは、南レヴァント地方に進出する。新バビロニア帝国の支配者ナボポラッサルがアッシュル（前六一四年）とニネベ（前六一二年）を征服した後、その後継者であるネブカドネツァル二世は、かつてはアッシリアが、そして今はエジプトが支配している地域への支配権を主張する。このことが、シリア・パレスチナ陸橋地帯におけるさらなる支配者交代を招来する（前六〇五／〇四年）。

ユダの王たちは、このような権力闘争をもっぱら傍観するばかりであった。ヒゼキヤはまだ、国際政治で重要な役割を演じようとした。ところが、聖書で高く称揚されているヨシヤは、南レヴァント地方での一連の紛争ではまったくの端役にすぎない。ただマナセだけは、アッシリア人を相手に巧みな政策を展開したが、旧約聖書はそのことについて、ほとんど何も語ろうとはしないのである。

ヒゼキヤと前八—七世紀におけるユダの拡張

聖書の歴史記述は、ヒゼキヤ王（在位前七二五—六九七年）に一つの祭儀改革とエルサレムにおけるいくつかの建設事業、そして前七一三年の反アッシリア連合における指導的役割を結び付けている（王下一八—二〇章）。この時代の数多くの印章や粘土製封泥（ブッラ）は、ユダにおける文字普及の飛躍的進展と、広範な経済的発展を物語っている。印章の印影は、二枚もしくは四枚の翼を持つ太陽円盤の図像と、「レメレク（*lmlk*）」（「王に属する」）という碑文を施され、搬送用ないし貯蔵用の甕の把手に押された（HTAT 233–236）。これまでに、五〇以上の場所から一〇〇〇を超える作例が見つかっている。用いられた粘土の分析から、それらの四つの把手を持つ甕のほとんどは、ラキシュ周辺の地域で造られたことが分かっている。当時この町は、軍事的・行政的な中心地へと発展していたのである（第Ⅲ層）。

ユダの行政の発展は、アッシリア人の政策から説明できる。ユダはアッシリアの属国であり、新アッシリアの王たちの支配する領域の一部であった。古代ヘブライ文字で書かれた碑文によって証言されるユダにおける文字使用の増大、よく組織化された行政の存在を示唆する数多くの押印式印章やその印影、そしてユダの町々の軍事的な拡張、これらすべてのことは、新アッシリア人なしには不可能であったことであろう。彼らの経済政策や行政政策が、ユダ王国における文化的発展の原動力になったのである。

この連関で特に重要性を持ったのが、ラマト・ラヘル（ヒルベト・サーリフ）という町である。エルサレムからわずか四・五キロメートルほど南に下った、ベツレヘムに向かう道の半ばに位置するこの町は、前八世紀末から前七世紀初頭にかけて、いくつもの行政に関わる建物を伴う新アッシリアの統治の中心地として大きく拡張されていた。ラマト・ラヘルは、エルサレムの南方に近接する地域で最も標高の高い位置にあって、周囲のどこからもよく見え、しかも、エルサレムとその周辺地域を結ぶ二本の最重要な道路に沿うという、戦略的にも要衝といえる場所にあった。この町は、農業生産物の重要な積み替え地であると同時に、ユダの中核地域における最も重要な行政拠点でもあった。

ラマト・ラヘルがペルシア時代以降まで存続したことを考え合わせれば、すでにヒゼキヤ時代に、その後の約三五〇年間を規定することになる二元性が成立していたことになる。すなわち一方には、ヤハウェ崇拝の場所であり、神殿に書記の学校を持つエルサレムがあり、他方には、まずアッシリア人が、そしてその後バビロニア人やペルシア人が統御する行政の中心地としてのラマト・ラヘルが並存していたのである。

ことによると、ヒゼキヤの時代に宗教的中心地としてのエルサレムの意義が大いに増したこと

無教会の変革　贖罪信仰から信仰義認へ、信仰義認から義認信仰へ

荒井克浩✣著　無教会伝道者

無教会の信仰に潜む勝者の論理を、どのように乗り越えられるのか？　無力な「十字架につけられたままのキリスト」への集中から生まれた、新しい信仰の展望を描き出す書。

最相葉月氏、青野太潮氏推薦！　●定価1,980円　3月刊行

秘密の花園　バーネット没後100年

F. H. バーネット✣作　**脇　明子**✣訳

児童文学作家（1849-1924）　ノートルダム清心女子大学名誉教授

『小公子』『小公女』のバーネットの代表作を児童文学翻訳の名手が新訳。世紀を超えて愛される傑作の邦訳決定版！

●定価2,310円　3月刊行

オンデマンド復刊のお知らせ

ローマ人への手紙講解 3　●定価3,630円　0359-4　4月刊行

榊原康夫✣著　東京恩寵教会名誉牧師・2013年逝去

アウグスティヌス著作集 28　三位一体　●定価8,250円　0360-0　4月刊行

アウグスティヌス✣著　**泉　治典**✣訳　東洋大学名誉教授・2011年逝去

本のご注文は、お近くの書店にお申し付けください。
小社に直接ご注文の場合には、e-shop教文館（https://shop-kyobunkwan.com/）
キリスト教書部（Tel: 03-3561-8448）へどうぞ。　●価格は10%税込表示《呈・図書目録》

配給元：日キ販

説教と神の言葉の神学

カール・バルト ✣著　20世紀を代表するプロテスタント神学者

加藤常昭／楠原博行 ✣訳

神学者、説教塾主宰（1929-2024）／日本基督教団牧師、明治学院大学講師

説教者必読の書、待望の新訳！

「神の言葉の神学」の端緒とも言える1922年の2篇の講演（「キリスト教会の宣教の困窮と約束」「神学の課題としての神の言葉」）を収録。　●定価1,980円　3月刊行

ユダヤ慈善の近代化

田中利光 ✣著　敬和学園大学教授

『ユダヤ慈善研究』(社会事業史学会第34回社会事業史文献賞受賞)に続く論究

ユダヤ教の慈善文化は近代の社会変革にどのように呼応したのか？　世俗の社会事業との関係や女性たちの国際的活動から、ユダヤ教社会事業の実態に迫る！　●定価3,300円　3月刊行

キリシタン 1622　殉教・列聖・布教聖省 400年目の省察

川村信三／清水有子 ✣編　上智大学教授／明治大学准教授

キリシタン文化研究会 ✣監修

キリシタン史の転換点

元和大殉教、イグナチオとザビエルの列聖、教皇庁布教聖省創立から400年を記念した論集。当時のキリスト教の実相に多方向から焦点を当てたキリシタン研究の最前線！　●定価3,520円　1月刊行

タムソン宣教師夫人メアリーの日記 (1872-1878)

メアリー・タムソン ✣著　アメリカ長老教会宣教師（1841-1927）

中島耕二 ✣編　フェリス女学院歴史資料館研究員

阿曽安治 ✣訳　日本基督教団新栄教会信徒・元長老

明治初期の伝道史における貴重な記録

1873（明治6）年に来日して伝道と教育に奉仕し、女子学院の源流の一つ「築地女子寄宿学校」の初代校長となった女性宣教師が残した初期の滞日日記の邦訳。●定価2,970円　3月刊行

キリスト教古典叢書

諸原理について (ペリ・アルコーン)

オリゲネス ✣著　3世紀の神学者・ギリシア教父
小高 毅 ✣訳　フランシスコ会司祭

キリスト教で初めての組織神学書

ギリシア教父最大の聖書解釈者であるオリゲネスの主著。神、人間、世界についての哲学的な試論であり、キリスト教史上初の体系的な神学書として知られる。創文社版の訳文を全面改訂し、ラテン語訳からの翻訳に加えてギリシア語断片の翻訳も併記した改訳決定版。同一主題を扱った小品『ヘラクレイデスとの対話』も収載。

● 定価8,580円　4月刊行

ナジアンゾスのグレゴリオスの聖霊論

田中従子 ✣著　日本基督教団教師

聖霊は「神」であると明言した教父の神学

キリスト教信仰の核心でありながら、聖書には明確な言葉で書かれていない、聖霊の神性。神論をめぐる論争の時代にこの難問に向き合い、正統な三位一体論を完成に導いた教父の神学に迫る、貴重な研究。

● 定価4,950円　2月刊行

神の子とする恵み

宗教改革信条史における「神の子」概念再考

齋藤五十三 ✣著　東京基督教大学准教授

歴史神学的かつ牧会的視点も加味した渾身の研究

パウロ書簡を起源として、救済論の一側面として発展した「神の子とする恵み」の教理。福音の家族的側面が持つ救済の意味を、宗教改革期前後の信仰告白文書を丹念に検証しながら再発見する！

● 定価6,600円　3月刊行

は、このような「課題分業制」の結果なのかもしれない。もちろん、列王記（王下一八4）の祭儀改革についての大雑把な注記は、歴史的に使い物になるものではない。しかし、考古学的な所見は、ヤハウェ崇拝が時と共にますますエルサレムに集中化されていったことを示唆する（王下一八22参照）。エルサレムの南西約五六キロメートルに位置するネゲブ地方のアラドの要塞では、犠牲用祭壇と祭儀用壁龕を伴う小さなヤハウェ神殿が土で埋められ、使用不能にされていた（第Ⅷ層）。同じような例は、エルサレム北東七キロメートルのテル・モツァにも見られる。すなわちそこには、前九世紀にシリア式の神殿建築の伝統を汲んだ様式の神殿が建てられ、その祭壇では動物の犠牲が捧げられていた。しかし、前八世紀になるとこの聖所は廃止され、その祭壇の残骸やその他の祭儀的諸設備は分厚い土の層で埋められたのである。

ヤハウェ祭儀のエルサレムへの集中に沿ったものと見られるのが、ラキシュの近く（ヒルベト・ベート・ライ）で発見された、前八世紀末か前七世紀初頭に由来すると思われる墓の碑文である。その碑文には、「ヤハウェは全地の神、ユダの山々はエルサレムの神に属する」とある（HAE: BLay [7]:1）。この文言は、エルサレムの町の神としてのヤハウェへの方向付けを示している。「ユダの山々」と「全地」の同一視は、ユダがすでに多くの領土を失っていた前七〇一年以降の政治的な状況を暗示しているのかもしれない。

前七一三年の反アッシリア連合と前七〇一年のエルサレム攻囲

この領土の喪失は、ヒゼキヤ王（在位前七二五―六九七年）の外交政策に関連していた。この王は、当初は彼の父アハズとまったく同じく、アッシリアの忠実な属王であり、例えば前七二〇年のガザのハヌヌの反乱（HTAT 154）には参加しなかった。ところが、その数年後、ヒゼキヤは政策を一変させた。アッシリア人が北方のウラルトゥ王国との戦争に巻き込まれると、南レヴァント地方の群小諸都市国家や諸王国は新たに行動を活発化させた。都市国家アシュドドの領主であったヤマニは、前七一三年前後に反アッシリア連合を組織したが、これにはヨルダン東岸地方のモアブやエドム、さらにはペリシテ地方やユダだけでなく、エジプト人も初めて加わっていた（HTAT 160–163）。第二五王朝のファラオたちのもとで、エジプトは再び中央集権的な権力を獲得し、南レヴァント地方での行動を活発化しようとしていたのである。

その理由は、前八世紀以降エジプトがより積極的に関与するようになっていた陸上交易にとっての、ペリシテ地方の重要性ということにあった。これに加えて、ペリシテ人の地はエジプトにとって、拡張政策を採りつつあるアッシリア人に対する重要な緩衝地帯でもあった。

前七一三年の反アッシリア連合の結成は、アッシリア側の懲罰遠征という結果を生んだ（HTAT 160–163）。すなわち、サルゴン二世は前七一一年にアシュドドとガトを征服し、ペリシテ地方を一つのアッシリアの属州に変えてしまった。しかし、サルゴンからセンナケリブ（在位前七〇五―

六八一年）へとアッシリアの王位が交代すると、少し後になって、新たに明らかにより大規模な反アッシリア連合が結成された。この連合は南レヴァント地方のほとんどすべての領域を包摂するもので、それには北のフェニキア諸都市（ビブロス、シドン、ティルス）から、中部パレスチナのユダ、南のペリシテ地方だけでなく、ヨルダン東岸地方の国々（アンモン、モアブ、エドム）までもが加わっていた。もしヒゼキヤが実際にこの連合の「精神的指導者（spiritus rector）」であったとすれば（H. Donner）、イスラエルの支配者が外交的に、同格の存在として古代オリエントの大王たちと伍したのは、オムリ以来二度目だったことになる。

しかし、この反アッシリア連合は短期間しか存続できなかった。センナケリブがこの連合に攻めかかると、それは瞬く間に解体してしまい、ヒゼキヤは孤立無援となってしまった。ラキシュを含むユダの多くの町々が破壊された。センナケリブはヒゼキヤを――新アッシリアの王の碑文にある表現を借りれば「籠の鳥のように」――エルサレムに閉じ込めた（HTAT 181, III/27–29）。センナケリブがほんとうにこの町を包囲したのかどうかはよく分からない（W. Mayer）。なぜなら、センナケリブの関心はヒゼキヤにではなく、都市国家エクロンの領主パディに向けられていたからである。パディは、［エクロンの］反アッシリア的勢力によって廃位され、ヒゼキヤに引き渡されていたのである。センナケリブがエルサレムの門前に現れると、ヒゼキヤはこのパディを解放した。アッシリア人は撤退し、パディは再びエクロンで町の領主に復位されたのである。

センナケリブはこれにより、一人のアッシリアの属王に対し宗主としての義務を果たしたことになる。すなわち、貢納および忠誠と引き換えに軍事的加護を与えるという義務である。センナケリブの年代記によれば、ヒゼキヤは膨大な貢納を強いられた（HTAT 181, III/37-39）。このことは、ヒゼキヤがセンナケリブに降伏したということを意味する。これによりヒゼキヤは、彼の統治の最初の時期と同じ境遇に戻されたことになる。すなわち貢納を課され、いかなる政治的な事柄とも可能な限り無縁であらねばならない、一人のアッシリアの属王である。ただし、〔最初の境遇との〕決定的な相違が一つあった。すなわち、ユダ王国の領土は著しく縮減され、シェフェラ地方の居住地に至っては面積上三分の一が切り取られてしまったのである。

ところが、旧約聖書はこのセンナケリブによるエルサレムの「攻囲」の結末をまったく異なるように描いている。アッシリア軍がエルサレムを征服せず、そのまま撤退していったことが、奇跡的な救済に仕立て上げられ、文学的に壮大な仕方で展開されているのである（王下一八17―一九37、イザ三六2―三七38）。ことによると、「不落の町」のモチーフを伴うシオン神学の歴史的な核は、前七〇一年のこの出来事の中にあるのかもしれない（O. Keel）。

ユダ王マナセと新アッシリアによるエジプト征服（前七世紀）

ヒゼキヤが対決主義的な対外政策を採ったのに対し、彼の後継者マナセ（在位前六九六―四二年）はアッシリアとの協調の道を選んだ。五五年の治世を誇るマナセは、イスラエル、ユダの双方の歴史を通じて最も長く統治した王であるばかりでなく、最も成功した王の一人でもある。ところが旧約聖書は、そのようなことについては何一つ語らない。そうではなく列王記（王下二一1—18）は、後のヨシヤ王の姿をことさらに引き立たせるための暗い背景のような仕方でマナセの治世を描いている（王下二三26、二四3—4をも参照）。すなわち、宗教政策的観点から見て、かつてヒゼキヤが成し遂げたことを、——この物語によれば——マナセはことごとく元の木阿弥にしてしまった。そこで、モーセの第五の書である申命記で要求されているような、ヤハウェという神のエルサレムにおける集中化された、かつ「純正」な国家祭儀が実現されるために、ヨシヤのような人物が必要とされる、というわけである。

以前の研究ではヒゼキヤに結び付けられてきた多くの新しい建造物の建設やさまざまな発展は、実際にはマナセの長い治世の中で起きたことであった。それは大規模な城壁（いわゆる「広い壁（broad wall）」）によるエルサレムの要塞化に始まり、この町の住民数の増大を経て、新しい給水施設の設営にまで至っている。最後に挙げた給水施設の設営は、すでにヒゼキヤ時代に始まっていた（王下二〇20、イザ二二9参照）のかもしれないが、他の二つの施策は前七世紀中葉のものであり、それ以前のものではない。

記念碑的な「広い壁（broad wall）」はまだほんの一部だけしか発掘されておらず、したがって厚さ六・四メートルから七・二メートルもあるこの城壁がどのように走っていたのかは現時点ではよく分からない。確かなのは、ダビデの町がある南東の丘と神殿の丘の間の地域——すなわちいわゆる「オフェル」——がこの時期に建て増しされ、厚さ二メートルほどの城壁で保護されていたことである（代下三三14参照）。おそらくこれらの事業は、エルサレムが西に向かって拡張されたことと並行して進んだものと考えられる。したがってこの町は、現在のエルサレムの旧市街に相当する範囲にまで漸進的に拡大したわけである（地図Ⅲ参照）。面積や人口密度の算定の仕方にもよるが、当時のエルサレムには八〇〇〇人（H. Geva）から二五〇〇〇人（O. Lipschits）の住民が住んでいた。

このような建築事業の枠内で、水の供給システムも変更された。前述のように、すでに前八世紀に青銅器時代の貯水池が埋め立てられ、その上に建物が建てられていたのであるが（本書六八頁参照）、今やギホンの泉と町の南西端に作られた貯水池を結ぶ長さ五三三メートルのトンネル式水路が開削され、中にはその竣工を記念する石碑が置かれた（「シロア碑文」、HTAT 180）。この時期には同時に、エルサレムの周辺に数多くの小規模な集落や村々が生まれている。新アッシリアの行政中心地であったラマト・ラヘルには、前七世紀に一二〇×九〇メートルの広さを持つ豪勢な宮殿風の建物が建てられたが、これはペルシア時代に至るまで存続した。

マナセの長い治世には、アッシリア人によるエジプト征服も起こった。第二五王朝のファラオたちは、基本的に、ユダのヒゼキヤと同様の振る舞いをした。すなわち彼らは、アッシリア人が支配権を主張した領域で、行動を活発化させたのである。すでに前七〇一年のエルテケ近郊での戦いに、エジプト軍の一部隊が参戦していた（HTAT 181, III/3-4）。シャバカ、シャバタカといったクシュ系のファラオたちは、公然たる衝突を避けていたが、ファラオ、タハルカ（在位前六九〇―六四年）の施策は異なっていた。彼はペリシテ地方やフェニキアの海岸諸都市との連携を緊密化し、個々の諸都市と個別的な同盟を結んだらしい。それゆえ、センナケリブの後継者であるエサルハドン（在位前六八一―六六九年）は彼の年代記に、次のように記している。「ティルスの王バアルは、彼の友であるクシュの王タハルカを頼りにし、わが主であるアッシュル神の軛を振りほどき、繰り返し厚かましい挙に及んだ」（TUAT I/4, S. 398）。

その結果は、アッシリア人による懲罰遠征であった。エサルハドンはまずティルスを攻撃し、その後エジプトに攻め込んだ。エサルハドンと彼の後継者であるアッシュルバニパル（在位前六六九―三〇年）は、前六七四／七三年と前六六四／六三年の間の時期に五回にも及ぶエジプト遠征を行っている。その結果、前六六四年にはテーベが征服されている。旧約聖書はアッシリアのエジプト遠征について一言も語っていないが、テーベ征服の文学的な残響は預言書の一つであるナホム書に聞き取ることができる。すなわちそこでは、ニネベの町がやがてテーベ（テキストでは「アメンの町」ないし「ノ・アメン」とされている）と同じ運命を辿るだろう、と威嚇されているのである。すなわち、その町は征服され、その地の住民は捕囚に送られるだろう、と（ナホ三8―10）。

前六六七年のアッシュルバニパルの碑文には、彼のエジプト遠征に自分の部隊を率いて同行した二二人の支配者の名が挙げられているが、そのうちの二番目に「ユダのマナセ」の名が見える（HTAT 191, II/39）。この記述は、三重の意味で興味をそそる。すなわち、（一）ティルスのバアルやアシュドドのミティンティやガザのシル・ベルとは異なり、マナセが都市国家の王（例えば「エルサレムのマナセ」）としてではなく、一つの王国を統治する支配者として名指しされていること。これによりマナセは、その直後に名を挙げられているモアブやエドムの王たち（HTAT 191, II/40–41）と同格の扱いを受けていることになる。（二）エサルハドン時代の名簿には、ニネベの武器庫建設のための木材の提供者として二二人の支配者の名が挙げられており、そこでも「ユダのマナセ」が二番目に名を挙げられていること（HTAT 118, V/55）。このことは交易上の接触があったことを示唆する。そして最後に、（三）シリア・パレスチナの王たちや都市の領主たちは、――ティルスのバアルについては言葉に出してはっきりと明言されているように（HTAT 189）――宗主であるアッシリアの王に対して忠誠の誓い（「アデー」誓約）を義務付けられていたと考えられねばならないこと、である。すなわち彼らは、新アッシリアの王たちの家臣だったのである。このことは、マナセについても当てはまる。彼が五五年もの長きにわたる治世を享受できたのは、彼がまさに新アッシリア王の臣下としてのもろもろの義務を遵守したからなのである（I. Finkelstein）。

前七世紀におけるユダの経済的な躍進とエルサレムの拡張は、一方ではアッシリアとの緊密な結び付きということから、他方では新しい地政学的な状況ということから説明できる。センナケリブによりシェフェラ地方が破壊され、この地の諸部分が都市国家アシュドド、エクロン、ガザの王たちに分配された結果、〔難民の流入により〕ユダ山地の人口は増し、ギブオンやミツパなどの個々の都市が拡大されることになった。ユダの中心地は南と東に移った。このことは一連の砦の建築活動に読み取れる（アラド、ホルヴァト・ウッザー、ホルヴァト・ラッドゥム、テル・イーラーおよびエン・ゲディなど）。加えて、死海西岸やベエル・シェバ盆地といった周縁地域でも開拓事業が行われている。すなわちユダは、新アッシリアの経済圏における重要な穀物供給拠点の一つになったのである。この一つの生産物への集約化は、アッシリア人の経済政策に対応したものであり、ペリシテ地方の諸都市にも同様の傾向が見られる。すなわち、エクロンはオリーブ油の生産に、またアシュケロンは葡萄酒の醸造に、それぞれ専業化していたのである。

ユダが新アッシリアの経済帝国主義に組み込まれたことは、文化的な影響をもたらした。このことは、この時代のユダの造形美術にアラム・アッシリア的なシンボルが増大していることに示されている。ハランの月神や天の女王、天空や星々といった天文学的なシンボルがユダの宗教的なシンボル・システムにも奔流のように入り込んでいる。おそらくは、エルサレムの公的な祭儀もその影響を受けずにはいなかったであろう。

ヨシヤ王、エジプト支配という間奏曲、そして「祭儀改革」

列王記の描写によれば、ヨシヤ（在位前六三九―〇九年）は、ユダにおける最も重要な王であった。彼は、宗教政治的な諸施策を伴う一大祭儀改革を全土で敢行したとされている（王下二二―二三章参照）。歴史的に見れば、ヨシヤの治世は、南レヴァント地方の諸情勢が大きく変動した時期に当たる。新アッシリアの影響圏は、エジプトに及ぶまでの広大な広がりを見せたが、これに付け込んで、バビロニア人はアッシリア本土の中核地帯に侵攻した。これに加えてアッシリアの王たちは、南方ではエラム人、北方ではスキタイ人と戦いを交えなければならなかった。このことは、やがては新バビロニアの支配者ナボポラッサル（在位前六二五―〇五年）によるアッシュル（前六一四年）やニネベ（前六一二年）の占領へと至る展開に繋がった。そして彼の後継者であるネブカドネツァル二世（在位前六〇五―五六二年）のもとで、ついにはシリア・パレスチナとエルサレムの征服という事態に至るのである（前五九八／九七年、および前五八七／八六年）。

このような権力の推移の枠内で、エジプトのファラオたちは、ほぼ二五年間にわたって南レヴァント地方の支配権を再獲得することに成功する。アッシュルバニパルがテーベを征服したまさにその年（前六六四年）に、早くもプサメティコス一世（在位前六六四―一〇年）は自分の新しい王朝――エジプトの数え方に従えば第二六王朝――を創建していた。その際に彼は、通商上の接触を通じてこの地にやって来ていたギリシア人傭兵の助けを借りている（ヘロドトス『歴史』II,152）。こうしてプサメティコスは、同時期にエジプトの一部を統治していた別のエジプト人支配者たちと対抗しながら、自己の支配権を固めたのである。

これに続く数年間で、プサメティコスは、彼の支配をエジプト全土に拡大し、さらにシリア南部とパレスチナにまで広げた（HTAT 256）。考古学的史料や古代ヘブライ文字による碑文、エジプトのテキスト等から見て、おそらくはすでにヨシヤ王のもとで、ユダはエジプトの支配下に入っていたらしい。アシュケロンとエクロンの考古学的調査からは、エジプト人がアッシリア人の行政システムを受け継いでいたことが分かる。しかも、役人たちは、エジプトとシリア南部やパレスチナの間を使者として活発に往復していた（ペディーセの彫像、HTAT 104）。海岸平野ではメツァド・ハシャヴヤフーに一つの要塞が建設されていたが、そこでは他の人々に交じってユダ人たちも農業に従事していたにちがいない（HTAT 225）。

考古学的史料から見て、プサメティコス一世は、ギリシア人傭兵の助けを借りて、ペリシテ地方と海岸平野を支配下に置いていたらしい。アシュケロン、エクロン、ティムナ、エル・カブリ、メツァド・ハシャヴヤフー、それにフェニキアのドルなどでは、日常用の食器を含むギリシア風の輸入陶器が見つかっており、強いギリシアの影響を感じさせる。アラドで見つかった古代ヘブライ文字で書かれた書簡からは、このネゲブ地方の要塞が、前七世紀末にはエジプトに仕えるギリシア人傭兵たちによって管理されていたことが推測できる（HAE Arad [6] 1, 2, 4, 7, 8, 10, 11, 14）。

以前のアッシリア人と同様、エジプト人も交易の統制ということに関心を注いでいた。このことはヒエラティック文字（ヒエログリフに似たエジプトの草書体文字）の使用や、物質文化（新年祭用の甕やアミュレット式の印章）へのエジプトの影響に読み取れる。前六〇四年の一枚のパピルスは、統治システムの形態の一端を垣間見させてくれる。その書簡では都市国家エクロンの王がエジプトのファラオに対し、援軍の要請を送っているのであるが、彼はそこで忠実な「しもべ」と自称し、迫りくるバビロニア軍に対抗するための援軍を送ってくれるように嘆願しているのである（HTAT 260）。エジプト人は明らかに、アッシリアの統治システムを受け継いだだけでなく、属王と条約を締結するという習慣をも継承したわけである。すなわち、エクロンのパディをめぐる出来事の場合（本書八三頁参照）と同様に、属王は彼の宗主に貢納しなければならなかったが、その見返りとして軍事的保護を受けることができたのである（王上一五17―20をも参照）。

前六二五年から前六〇一年にかけてのこれらの一連の権力政治的諸対立の中で、ヨシヤ治下のユダ王国は何の役割も演じてはいない。列王記下二三章29―30節の短い注記によれば、ヨシヤは前六〇九年にメギド付近でエジプト王ネコ二世に殺されている。一部の研究者は、歴代誌下三五章20―25節をも手掛かりにして、この記事からユダとエジプトの間に軍事的な衝突があったと推測し、中にはイズレエル平野を股にかけた大戦闘があったと考えるむきもある。しかし実態は、ことによると、エジプトの属王であったヨシヤが新しいファラオ——ネコは前六一〇年に即位したばかりであった——に対して表敬訪問しなければならなかったというだけの話であるのかもしれない。その目的は、忠誠の誓いをたてるということだったのかもしれない。

それでは、ヨシヤの治世は、いったいどのように想像されねばならないのであろうか。聖書の記述やそれに従った以前の旧約学の見方に反し、ヨシヤの王国は地域的な意味しか持たなかった。ことによると彼の治世に、北に向けての多少の拡張はあったのかもしれない。かつての北王国の聖所ベテルも今やユダに属するようになっていたからである。これに加えて、エリコも彼の支配領域に組み込むことができたとしたら、ヨシヤは、後のペルシア時代の属州「イェフド」にほぼ対応する領域を統治したということになる。

これと共に、「ヨシヤの改革」の歴史的な核という問題が浮上してくる。すでに前八世紀の末に、ヤハウェ祭儀がエルサレムに集中され、その他のヤハウェ諸聖所（アラド、テル・モツァ、本書八一頁参照）が廃止されていたのだとすれば、列王記下二二—二三章で広範なものとして描かれている祭儀改革は、もっぱらエルサレムにおける諸施策に限定されることになる。そこで目指されたのは、明らかにヤハウェ神殿の祭儀的な粛清であり、その際には馬や「太陽の戦車」のようなアラム・アッシリア的な星辰宗教に関連する諸要素（シャマシュ祭儀）やそれに属する卜占的な習慣が取り除かれている。このことを通じてヨシヤは、外政的にはプサメティコス一世以来既存の事実となっていたことを、内政に置き換えたことになる。すなわち、指導的な勢力はもはやアッシリアではなく、今やエジプトなのである。ただ、アッシリア人とは異なりファラオたちは、ユダ本土の中核部分には何の関心も持たなかった。それゆえ、ヨシヤの改革には、反アッシリア的な動機も親エジプト的な動機もなかった。むしろ、すでにヒゼキヤのもとで始められていた展開が、一歩先に進められたのである。この展開は、行政中心地としてのラマト・ラヘルとの対抗という観点から見られねばならない。エルサレムは政治的・経済的な中心地であったわけではなく、あくまで宗教的な中心地だったのであり、そこでは時と共にますます、異教の習慣や象徴や神々なしのヤハウェ祭儀を支持する勢力が主導権を握るようになっていったのである。地方的なアミュレット式の印章の図像意匠で、一貫してヤハウェのみに方向づけられた新しい「正統（Orthodoxie）」が主流になっていくこと（O. Keel / C. Uehlinger）も、このことに対応する。

エルサレム神殿にヤハウェの専一的崇拝が導入されたことは、イスラエルの宗教史上、他の神々を排除しつつ自覚的に唯一の神のみに向けられる信仰（一神教）の成立に向けての重要な一歩であった。ここには、政治的な諸状況がイスラエルの宗教の展開に与える影響が典型的な形で示されている。ユダの重要な町々を統制下に置き、またエルサレムの眼前にある行政的中心地ラマト・ラヘルを支配するというアッシリア人の政策は、宗教政治的に見れば、ヤハウェ崇拝の場がエルサレムに集中されるという結果を生んだ。その際には、当時この町〔エルサレム〕が例えば海岸のアシュケロンやシェフェラ地方のエクロンよりも明らかに小さかったなどということは、何の問題にもならなかった。エルサレムの意義は、政治的・経済的次元にではなく、あくまで宗教的な次元にあったからである。何といってもこの町には神殿があり、エリート集団としての書記たちがいた。

彼らが前七世紀に文書の執筆活動を始め、それらの文書の一部は、増補拡大された形で今日なお、旧約聖書の中に残されているのである。

ネブカドネツァル二世とエルサレムの征服(前五九八/九七年、および前五八七/八六年)

前六〇九年のヨシヤの死から前五八七/八六年のエルサレム征服までは、さまざまな出来事がまさにひしめき合っていた。ファラオ、ネコ二世はメギドでヨシヤを殺害した後、差し当たってはさらに北方に進軍した。その目的は、新バビロニア人と戦っているアッシリア人の助太刀をすることであった。この間、ユダの地方の豪族たちは、ヨシヤの下の息子であるヨアハズ(エレ二二11では「シャルム」と呼ばれている)を王に推戴していた。しかし彼は三か月後、ネコの陣営があったオロンテス河畔のリブラに召喚され、王位を剝奪されてエジプトに送られてしまった(王下二三33—34)。そしてネコ二世は、ユダの人々が黙殺したヨシヤの年長の方の息子エルヤキムを王に指名し、その名をヨヤキムに改めさせた(在位前六〇八—五九八年)。ユダにおける王位継承が、エルサレムから北に五〇〇キロメートルも離れた、シリアにあったエジプトの陣営で決められたというこの事実一つだけから見ても、ネコ二世がユダ王国を政治的に軽視していたことが分かる。この小国の王が、親エジプト的な姿勢を保ち、またせっせと貢納を続けている限り、誰がそこを統治しているかなどは詰まるところどうでもよいことだったのである。列王記下二三章33、35節によれば、ネコは新王ヨヤキムに対し、彼がエルサレムに戻ることを許される前に、膨大な貢納を課した。

前六〇五年、当時バビロニアの皇太子であったネブカドネツァルは、ユーフラテス河畔のカルケミシュでエジプト軍を打ち破った。彼の父ナボポラッサルの没後、王となったネブカドネツァル二世は、ハマト地方（北シリア）とシリア・パレスチナを次々と支配下に置いた。他の地方的な支配者たちと同様、ユダ王ヨヤキムもバビロニアの属王となった（前六〇四年）。こうして、新アッシリアとエジプトに次ぎ、ここ三〇年足らずの間で三番目の南レヴァント地方の覇権勢力が確立したわけである。今回も、行政システム自体は変わらなかった。ただ、その頂点が入れ替わっただけなのである。彼ら以前のエジプト人同様、新バビロニア人にも、自分たちの支配下に入った地域に新しい行政制度を樹立する余裕などなかった。単純に、よく機能していたアッシリア人のシステムをそのまま利用し続ければよかったのである。

覇権勢力の矢継ぎ早の交代と、ネコ二世が引き起こしたエルサレムの王位のすげ替えは、エルサレムという町の政治化をもたらした。エレミヤ書の記述に従うことができるとすれば、前七世紀から前六世紀への変わり目の時期に、エルサレムでは親エジプト派と親バビロニア派が対立抗争を繰り広げていた（エレ三八章、M. Görg）。前六〇一／〇〇年に新バビロニアがエジプト国境での決戦でエジプトに対する決定的な勝利を挙げることができなかったとき、ヨヤキムは〔新バビロニアへの〕貢納を停止した。その後エジプトはガザを征服することはできたが、シリア・パレスチナはまだ新バビロニアの手中に留まっていた。

エルサレムに対するネブカドネツァル二世の懲罰行為は、多少遅れたが、それだけにいっそう苛烈なものになった。バビロニア年代記によれば、彼はその治世第七年（前五九八／九七年）にエルサレムに進軍した（HTAT 258）。この間にヨヤキムは死んでおり（王下二四6）、後を継いだ息子のヨヤキンは無条件降伏したので、この時はエルサレムの破壊は免れた。ヨヤキンはバビロンに捕囚として連行されたが、バビロニアの文書庫にあった記録によれば、彼は政治的な捕虜として王宮で生活していた（HTAT 265–267. 本書一〇四頁をも参照）。

バビロニア年代記によれば、ネブカドネツァルは「彼の心に叶う王」を任命し、「重い貢」をバビロンに持ち帰った（HTAT 258 E, Z. 13′）。戦利品には、神殿の祭具も含まれていた（王下二四13、なお、エレ二七18—22をも参照）。また、エルサレムのエリート層の一部も捕虜となったが、その中には王族も含まれていた。

エルサレムで王とされたのは、ヨシヤのさらに別の息子マタンヤであった。彼はゼデキヤという即位名で、差し当たってはバビロニアの属王として統治した（在位前五九七／九六—八七／八六年）。前五九四／九三年までに、ネブカドネツァルはバビロンでの反乱のゆえに弱体化したかのように見えた。そのほぼ同時期に、エジプトではファラオ、プサメティコス二世（在位前五九五—八九年）が南レヴァント地方との接触を緊密化させていた。彼はヌビア遠征を行った後、前五九一年にペリシテ地方に勢力誇示遠征を敢行した（HTAT 257）。ゼデキヤは、自分がエジプト人、特にファラオ、アプリエス（在位前五八九—七〇年、エレ四四30の「ホフラ」）の保護下にあると思い込み、バビロンへの貢納を改めて停止した。ラキシュ・オストラカには、「軍の司令官であるエルナタンの子コンヤフ」なる人物が「エジプトへ行くために」下って行ったことが記されている（HTAT 262）。これが公式の援軍要請のためだったのであれ、あるいはこの高位の軍人が絶望的な戦況を前にして逃亡を図ったのであれ、いずれにせよ明らかなのは、アプリエスも彼の前任者プサメティコス二世もユダになど何の関心も払わなかった、ということである。彼らはもっぱら、海岸平野にある交易諸都市に活動を集中させていたのである（エレ三七5、7、四四30およびヘロドトス『歴史』II, 161 参照）。

その後、ネブカドネツァル二世による再度のエルサレムへの懲罰遠征が行われたが、これに王自身は加わっていなかった。以前のネコ二世同様、彼はオロンテス河畔のリブラに留まっており、彼の将軍であったネブザルアダンを派遣したのである。ネブザルアダンは前五八八年にエルサレムの攻囲を始め、前五八七年にこの町を陥落させた。ゼデキヤは逃亡を図ったが、エリコ近郊で捕捉され、リブラにいるネブカドネツァルのもとに連行された。彼は自分の見ている前で彼の息子たちを殺され、自分は目を潰されてバビロン捕囚として送られた（王下二五7、エレ五二11）。

おそらくはその後で、ネブカドネツァル二世はエルサレムの町の破壊を命じたのであろう。神殿もその対象になっていたのかどうかは定かでない。聖所の破壊は、バビロニアの通常の戦いの習慣には含まれないが、より古い〔アッシリア時代の〕記録（前八世紀）には見られなくもない。いずれにせよ、エレミヤ書三九章8節には神殿の破壊は言及されていない。もし破壊があったとしても、それは部分的なものにとどまっていたと考えねばならないであろう。エレミヤ書（エレ四一5）やゼカリヤ書（ゼカ七3）からは、前五八七／八六年以後もエルサレムで神殿祭儀が続けられていたことが知られているからである。

考古学者たちは、エルサレムの南東の丘（アヒエルの家、「封泥（ブッラ）の家」）と北の城壁跡の双方で破壊の跡を見つけている。以前の学界の通説に反し、もはやユダ全土の包括的な破壊という前提から出発することはできない。ネブカドネツァルの処置は、主としてエルサレムと、例えばラキシュのような南西方面の町々に限られていた。ことによると、アゼカ／テル・ザカリーイェもこれに含まれていたかもしれない（エレ三四7）。より北に位置するベニヤミンの地域はほとんど無傷のままであった（ミツパ）。南方では、前六世紀にネゲブ地方のいくつかの要塞（アラド第Ⅳ層、ホルヴァト・ウッザー、ホルヴァト・ラッドゥム、テル・イーラー、テル・エル・ミルハ等）が破壊されているが、これは必ずしも前五八七／八六年の出来事とも、また新バビロニア人とも結び付けることができるとは限らない。おそらくはエドム人が、アラバを通じた交易路を支配下に置こうとして、このような状況に付け込んだのかもしれない。ただし、これはエドム人が、新バビロニア人のエルサレム征服に協力していなかった場合のはなしであるが。旧約聖書でエドム人が否定的に描かれている事実（エレ四九20—22、ヨエ四19、オバ一1—2、8、詩一三七7、哀四21—22等参照）の歴史的根拠を探るとすれば、それはこの辺りにあるのかもしれない。

バビロニアの行政管轄官として任命されたのは、ゲダルヤという人物であった。彼はミツパ／テル・エン・ナスベに駐在したが、これはエルサレムの北約一二キロメートルに位置する破壊されずに残った町である。この町は前五世紀中葉に至るまで、重要な行政中心地としての地位を保った。このゲダルヤが反バビロニア勢力に暗殺された後、前五八二年にさらにもう一度の捕囚が行われた

郵 便 は が き

料金受取人払郵便

銀 座 局
承　　認

3148

差出有効期間
2025年12月
31日まで

１０４-８７９０

628

東京都中央区銀座４－５－１

教文館出版部 行

◉裏面にご住所・ご氏名等ご記入の上ご投函いただければ、キリスト教書関連書籍等のご案内をさしあげます。なお、お預かりした個人情報は共同事業者である「(財) キリスト教文書センター」と共同で管理いたします。

●今回お買い上げいただいた本の書名をご記入下さい。

書名

●この本を何でお知りになりましたか

１．新聞広告（　　　）　２．雑誌広告（　　　）　３．書　評（　　　）
４．書店で見て　　５．友人にすすめられて　　６．その他

●ご購読ありがとうございます。
本書についてのご意見、ご感想、その他をお聞かせ下さい。
図書目録ご入用の場合はご請求下さい（要　不要）

教文館発行図書　購読申込書

下記の図書の購入を申し込みます

書　　　　名	定価（税込）	申込部数
		部
		部
		部
		部
		部

ご注文はなるべく書店をご指定下さい。必要事項をご記入のうえ、ご投函下さい。お近くに書店のない場合は小社指定の書店へお客様を紹介するか、小社から直送いたします。

●ハガキのこの面はそのまま取次・書店様への注文書として使用させていただきます。

●DM、Eメール等でのご案内を望まれない方は、右の四角にチェックを入れて下さい。□

ご氏名　　　　歳	ご職業
（〒　　　） ご住所	
電話 ●書店よりの連絡のため忘れず記載して下さい。	
メールアドレス （新刊のご案内をさしあげます）	

書店様へお願い　上記のお客様のご注文によるものです。着荷次第お客様宛にご連絡下さいますようお願いします。

ご指定書店名	取次・番線
住　所	
	（ここは小社で記入します）

（エレ五二30）。

最終的にどれぐらいの人数がバビロニア人によって捕囚に送られたのかは、はっきりしない。旧約聖書の記述は、「勇士一万人」（王下二四14、16）から「すべての人々」の連れ去り（王下二五11―12）や「空になった土地」の神話に至るまで多岐にわたる。エレミヤ書五二章28―30節に挙げられている数字は、具体性を帯びているように思える。すなわち、前五九八／九七年にユダ人三〇二三人、前五八七／八六年に八三二人、前五八二年に七四五人である。これらの数字をどの程度文字通りに受け取るにせよ、そこには前五九八／九七年における征服の方が前五八七／八六年のそれよりも過酷であったことが示されている可能性がある。

まとめ

前五八七／八六年の一連の出来事は、古代イスラエルの歴史における一つの重要な画期をなす。イスラエル王国がすでに前七二二／二〇年に滅びた後、今やユダ王国も同じ境涯に陥ってしまった。厳密に言えば、政治的な独立が達成されていたのは、前九世紀におけるオムリ王朝の短い一時期だけであり、それにアッシリアへの形式的な服属の長い期間が続いた。両王国における展開は、新アッシリアの西方拡大という文脈の枠組の中で見られねばならない。それは同時に、文化的な発展の原動力としての役割も果たしたのであり、この発展は、まずイスラエルに起こり、三〇年から五〇年遅れてユダにも起こった。前七三八年のアハズ以来、エルサレムの王たちは新アッシリアの属王だったのであり、この属王としての地位を受け入れた場合に限って成功できた。マナセはその五五年間に及ぶ治世で成功を収めたが、彼の前任者ヒゼキヤはまったく異なる道を歩んだ。旧約聖書の歴史記述はヒゼキヤを重要な王と称揚しているが（王下一八―二〇章、代下二九―三二章）、彼の外政は明らかな失敗であった。彼はエジプトの支援を当てにして、反アッシリア連合の一員となったが、この連合は立ち上がる際と同様、瞬く間に瓦解してしまった。その結果、アッシリアのエルサレム遠征という事態になり、ヒゼキヤは屈服を強いられ、彼が捕らえていたエクロンの町の王パディを解放しなければならなかった。新アッシリアの王センナケリブは、貢を取り立てるだけで満足したが、このことは、この時代におけるエルサレムの重要性が小さいものであったことを何ほどか示唆している。

結局ユダの王たちは、古代オリエント世界の一連の政治的出来事の影の中を動いていたにすぎない。マナセはアッシリアに貢納し、アッシリア人のエジプト遠征に兵を提供し、その他の点ではユダ国内の復興に注力した。マナセがエルサレム内外での数多くの建築事業を通じて政治的・社会的な次元で始めたことを、ヨシヤは彼の「祭儀改革」を通じて宗教的な次元で完成させた。ただしそれは、すでにヒゼキヤによって萌芽の形で示されていたことである。すなわち、ユダの宗教的な中心地としてのエルサレムへの方向付けということである。ことによると、ユダの書記文化の場としてのエルサレムの宗教的意義は、新アッシリア人がこの町を決して行政の中心地として用いなかったという事実に基づいていたとさえ考えねばならないかもしれない。そのような〔行政の中心地としての」役割を果たしたのはラマト・ラヘルであり、そこからは、マナセのもとで増大したベエル・シェバ盆地やユダ南部の穀物生産が管理されていた。それゆえエルサレムは、一連の政治的な出来事の影の中にあって、ユダの宗教的な中心地としての重要性を獲得することができたのである。

　マナセがアッシリアの属王として賢く立ち回ったのに対し、彼の後継者たちの外政は失敗続きであった。ヨシヤはメギドでエジプト人に殺されてしまった。ヨアハズはわずか三ヵ月の治世の後に――同じくエジプト人によって――廃位され、ヨヤキンとゼデキヤはネブカドネツァルによって打ち負かされた。熱望されていたエジプトの支援は実現せず、エルサレムは孤立無援となった。このような展開の結果が、この町〔エルサレム〕の二度にわたる征服であった。そのうち前五九八／九七年の第一回目の方では、第二回目よりも大規模な捕囚連行が行われたようである。前五八七／八六年の〔第二回目の〕征服では、神殿が部分的に破壊された。これは、聖書の歴史記述における本来の転換点であった。すなわち、王国から捕囚へ、しかもそこから捕囚民の帰還と神殿再建へと向かう歴史記述の転換点である。

第四章　バビロン捕囚とペルシア時代（前五八七／八六―三三二年）

ペルシア時代には、ヤハウェ宗教の相互に異なる諸形態が成立し、それらから古代ユダヤ教の重要な諸特徴が生じてくることになる。バビロニアに連れていかれた捕囚民、エルサレムとその周辺に残った人々、エジプトのエレファンティネ島に生まれた新しいヤハウェ信仰の共同体、かつての北王国の地のヤハウェ聖所（ゲリジム山）等では、それぞれ固有の自己同一性理念（アイデンティティ・コンセプト）を伴うヤハウェ宗教のさまざまな諸形態が出現した。その際に、バビロニアの捕囚地を、もっぱら涙とエルサレムに向けられた深い郷愁の場所と想像したり、エレファンティネ島の状況を、ユダやエルサレムにおける状況とは何の関係もない、ある種の宗教混淆的なヤハウェ信仰が営まれていたなどと考えたりすることは、いずれも適切ではない。むしろ事実はその正反対であった。

捕囚後の時代についてのエズラ記やネヘミヤ記の叙述が神学的に強く刻印を受けていることや、エレファンティネ島の祭司たちがエルサレムの大祭司と書簡をやり取りしていたことをよく認識すれば、前六世紀末から前四世紀にかけての古代イスラエル史の再構成に向けた新しい手掛かりが見えてくる。

バビロン捕囚

「バビロンの流れのほとりに座り、シオンを思ってわたしたちは泣いた」という詩編一三七編の名高い一句は、何百年もの間、バビロン捕囚についてのイメージを規定し続けてきた。イスラエルの民が鎖に繋がれ、バビロニア人のひどい搾取に苦しみながら、聖なる町エルサレムを思い出しては嘆きつつ郷愁にふけっていたと、想像されがちである。しかしこの詩編の一節は、その前半しか正しくない。すなわち、捕囚民たちの居住地は、たしかにバビロニアの諸河川のほとりにあった。これに対し、嘆きの方は限定的なものであった。なぜなら、捕囚民の暮らし向きはむしろ良好であったからである。彼らは自分たちの居住地に住み、商業を営むこともできた。彼らの一部は、おそらく奴隷さえ所有していた。

聖書のイメージと史実のこの乖離には、二つの理由がある。〔第一に、〕詩編一三七編は、ペルシア時代のエルサレムのとある書記が、それによってバビロン捕囚についての特定の見方を固定化しようとして描いた歴史像、という文脈の中で見られねばならない。そしてそれは、エルサレムにおけるヤハウェ宗教の形態のみが唯一正統的なものであるという、一つの神学的な立場を基礎づけるという目的のために描かれたものなのである。第二に、旧約聖書自体は捕囚についてはほとんど何の情報も提供していない、という事実に注意が喚起されねばならない。捕囚時代は、旧約聖書の文学における「歴史的空白」（R. Albertz）なのである。そこで語られていることといえばせいぜい、どのようにして捕囚という事態に至ったか（王下二四―二五章、エレ三九章、代下三六章）と、どのようにしてそれが終わったか（エズ一―二章、代下三六章）、そして他には、例えばゲダルヤの統治の失敗とそこから生じた諸結果（王下二五22―26、なおエレ四〇1―四三7をも参照）についてや、捕囚になって三七年目（前五六一年）にヨヤキンが恩赦で出獄したこと（王下二五27―30）等の個別の出来事である。

そのヨヤキンは、王としての称号を保ったまま、バビロンの王宮で政治的な捕虜として生活していた。ネブカドネツァル二世の宮殿から発見された粘土板には、前五九二年に「ユダの王」ヨヤキンとその息子たちに油が支給されたことが記録されている（HTAT 266）。その際にこのかつてのユダの王は、通常の量の二〇倍もの油を支給されている。列王記下二五章27―30節に依拠することができるとすれば、彼の境遇にはバビロンの王アメル・マルドゥク〔聖書のエビル・メロダク〕（在位前五六二―六〇年）のもとで変化があったらしい。ヨヤキンは恩赦を受けたとされるが、彼のその後の運命は不明である。おそらく、彼は単純にその後もバビロニアに留まったのであろう。

ユダの王族と多くの技術者たちは、少なくとも前六世紀の中葉まではバビロンの王宮で暮らしていたが（HTAT 265, 267）、エルサレムから連れて来られたその他の捕囚民は、周囲の町々や諸地方に住んだようである。旧約聖書はその中でも、ニップルに近いケバル川のほとりのテル・アビブに言及している（エゼ三15、なお、エズ二59、ネヘ七61をも参照）。これに、やはりニップル近郊にあった「ユダ人たちの町」（アール・ヤーフーダーヤ）を付け加えることができる。この町が最初に記録に現れるのは前五七二年になってからであり（DJE 1）、前四九八年以降は「ユダの町」（アール・ヤーフード）と呼ばれた。ここから明らかになるのは、捕囚民が彼らの新しい環境に恒久的に同化していた、ということである。「ユダの町」に住みたいと望む者にとって、かつてユダ王国があった土地に戻って行く必要などなかったのである。それゆえアール・ヤーフードは、一部の学者たちにより「バビロニアのエルサレム」と呼ばれている（A. Lemaire）。

前六世紀末から前五世紀初頭にかけてのバビロニアの文書によれば、捕囚民は戦争の捕虜でも奴隷でもなかった。また、捕囚民自身、自分たちの社会的身分を他の被捕囚諸集団から区別しようとはしなかった。啓発的な史料に、一八九三年以来知られている、七〇〇枚以上の粘土板からなるニップル近郊のムラシュ文書と並んで、アール・ヤーフードおよびバビロン東方のビート・ナシャル（ニップル近郊）で発見され、ごく最近出版された二〇〇点ほどのテキスト（L. Pearce / C. Wunsch）がある。前者がペルシア時代後半（前四五五—〇三年頃）のものであるのに対し、後者は前五七二年から前四七七年までのものである。

これらのテキスト（HTAT 274-281 参照）は、捕囚民の居住形態、彼らの法的地位、宗教について垣間見させてくれる。バビロンの南東に位置した「アブラ［ハ］ムの家（ビート・アビーラーム）」を含む、さまざまな居住地の住民たちは、相互の連帯によって組織化された社会的共同体（いわゆる「父祖の家々」）で生活していた。新バビロニアのこれらの諸文書からは、各氏族の捕囚以来の四世代までが再構成できる。

バビロニア人は捕囚民に、王領に属する土地を提供して耕させた（「ランド・フォー・サービス（land for service）」）。テキストに言及された「ユダ人の畑」（DJE 24+25）は、灌漑用の運河で潤され、世襲の借地として次世代に引き継がれた（HTAT 276–278）。畑の管理や耕作は、個々のユダ人の義務であった。テキストは特にアール・ヤーフード出身のアヒカムという人物と、アヒカルという管理人に言及しているが、後者は「ナシャルの町（アール・シャ・ナシャル）」に住んでおり、バビロンとの通商関係を持っていた（DJE 44+45）。中には役人にまで出世するユダ人もいた。前五三二年のある文書は、徴税官の職務についていたアブディ・ヤーフー（旧約聖書のオバデヤ＝「ヤハウェの僕」）というユダ人に言及している（HTAT 274）。

別のユダ人の中には、「ランド・フォー・サービス」のシステムの枠内で、強制労働に従事せねばならず、したがってある意味で従属的な生活をしなければならない者（シュシャーヌ）もいた。しかし、捕虜や奴隷といった聖書のイメージ（詩一三七3、エゼ三四27、バル四32）はおよそ実態に即してはいない。エゼキエル書におけるバビロン捕囚民の居住地についての記述（エゼ一1、3、三15）も、このことを裏付けている。アール・ヤーフードのテキストは、聖書の記述によれば前五九八／九七年にバビロンに移住させられたというエゼキエルの預言の地理的・経済的な背景を照らし出してくれるかもしれない。

さらに別のユダ人の中には、商人としてバビロニアの経済システムの中に完全に組み入れられ、商用で古代オリエント世界を駆け巡り、ペルシアにまで赴いた者もいた。ことによると、かつてのユダ王国の地にもやって来たかもしれない。

商家でもあり銀行家でもあったムラシュ家の文書（前四五五―〇三年）は、前六世紀末から前五世紀初頭以来、ユダ人が継続してバビロニアに住んでいたことと、彼らがバビロニアの社会に大幅に同化していたことを証言している。これに、前五世紀と前四世紀の文書と粘土板を付け加えれば、前五九八／九七年、前五八七／八六年および前五八二年に捕囚に送られたユダ人たちが、何世代にもわたってバビロニアに住み続けたことに疑問の余地はない。前四世紀から前三世紀にかけてのバビロニアの人名表には、「ヤ（ハ）」という神名要素を含む数多くの人名が載っている。これは、旧約聖書の神名「ヤハウェ」の短縮形であり、例えば詩編の「ハレルヤ」（「ヤハウェを讃えよ」）という呼びかけにも見られるものである。それゆえ「ヤ（ハ）」を構成要素とする人名は、信仰告白的な性格を含むものであった可能性がある。すなわち、それらの名前を持つ人々は、ヤハウェという神の崇拝者として自らを示していたのである。

すでにアール・ヤーフードのテキストや、より後の史料に、ヤハウェに関係する人名とバビロニア式の人名の混在が見られる。例えば、一人の男性がバビロニア的な名前とユダ的な名前の双方を持つという例も見られる。「ベール・シャル・ウツル」という名前（DJE 2）は、バビロンの主神で「ベール（「主」）」と呼ばれていたマルドゥクを指し示すが、「ヤーフー・シャル・ウツル」（DJE 4）はヤハウェ神を指し示す。別のテキスト（DJE 77）は二人の兄弟に言及するが、その一方はバビロニアの神ナブーにちなむ名前を持っており、他方はヤハウェにちなむ名前を持っている。それ以外にも、アムルやベテルといった北西セム系の神格にちなむ名前もあれば、エジプト系、イラン系、アラビア系の名前も見られる。

したがって、ユダから来た捕囚民が彼らのバビロニア的な環境とは一線を画していたことを示す証拠は何もないのである。彼らはむしろ、多文化的な共同体の一員だったのであり、他民族とも婚姻契約や相続契約を結び、普通に結婚もしていたのである（族外婚）。アール・ヤーフードから見つかった一つの婚姻契約書は、バビロニア式の書式に従っており、その中ではマルドゥク、ツァルパニートゥ、ナブーといった神々が名を挙げられている。地方的な法的習慣の採用や族外婚は、エジプトのユダ人ディアスポラでも確認できる。

それゆえ、捕囚民たちが経済的にも社会的にもよく同化しており、周辺の人々と活発に交流し、何世代にもわたってバビロンで暮らし続けたことは間違いない。これに関する聖書の記述としては、エレミヤ書二九章5―7節aの「捕囚民への手紙」が挙げられる。「家を建てて住み、園に果樹を植えてその実を食べなさい。妻をめとり、息子、娘をもうけ、息子には嫁をとり、娘は嫁がせて、息子、娘を産ませるように。そちらで人口を増やし、減らしてはならない。わたしが、あなたたちを捕囚として送った町の平安を求め、その町のためにヤハウェに祈りなさい」。

したがって、〔バビロン陥落後も〕捕囚民中の少数の諸集団だけしかユダに帰って行かなかったらしいことも、驚くべきではないのである。たとえエズラ記二章の帰還民の名簿に歴史的核があったとしても、そこに挙げられている四万二三六〇人という帰還民の数字はまったく非現実的である。ペルシア時代初期の属州「イェフド」には、おそらく一万二〇〇〇人（I. Finkelstein）から多く見積もっても三万人（O. Lipschits）程度の住民しかいなかったのである。考古学的な所見だけから見ても、大規模な帰還運動という想定は排除される。エルサレムでもイェフド全体でも、ペルシア時代に居住地の飛躍的な増大など証明できないのである。ことによると、せいぜい四〇〇〇人ほどの人々が、何十年もかけて少しずつ、この地に移住してきた、という想定の方がより現実的であるかもしれない。

そのような帰還民たちに、書記たちや技術者たちといったエリート層も属していた。彼らの一部は、王族たちと一緒にバビロンの王宮で暮らしていた専門家集団であったのかもしれないが、ことによるとバビロン以外の捕囚民居留地に住んでいた人々もいるのかもしれない。いずれにせよ、これらの人々が、バビロニアでも環境になじまない保守的なサークルに属していたことは想像に難くない。確実なのは、第二神殿時代の聖書文学を決定的に規定したのが、このような帰還者たちの集団だったということである。エズラ記やネヘミヤ記に示されているのは、周囲との間に明確な境界を設定し、古代ユダヤ教のその他の諸形態と対抗できるような、宗教的な自己同一性理念（アイデンティティ・コンセプト）である。ただ、旧約聖書には、そのような〔他の〕諸形態についてほとんど何も語られていないのであるが。

前五三九年から前三三三年までのペルシアの政策

前五世紀から前四世紀にかけてのヤハウェ宗教の多種多様な諸形態の成立と、捕囚民の一部の集団の帰還ということは、政治上の大きな気象状況の変化なしには起こり得なかったことであろう。

キュロス二世に始まるペルシアの大王たちのもとで、前五五〇年以降、そう呼ばれるのに真にふさわしい大帝国が確立した。カンビュセス二世とダレイオス一世のもとで実現した帝国の領土は、西はエーゲ海にまで及び、南の境界はエジプトを含み、東はメソポタミア全土とイラン高原を超えてインダス河まで達するものであった。

キュロス二世は、前五五〇年にメディアとの闘争に勝利し、前五四七／四六年までには彼の支配領域をエラムと小アジアにまで広げた。前五三九年の彼のバビロン入城が、一般的にペルシア時代の始まりと見なされている。このバビロン征服にあたっては、バビロンの神マルドゥクの神官団が彼を支持した。キュロスの円筒石碑に刻まれた高名な碑文（HTAT 273）で、彼はバビロンの征服を寿ぐとともに、自身をマルドゥクの忠実な崇拝者と称している。この王権イデオロギー的なテキストと、イザヤ書中の驚くほどこれによく似た言説（イザ四四28、四五1―7）に着目して、旧約学界では長く、ペルシアの大王たちは寛容の態度から、地方的な諸聖所を積極的に振興したと考えられてきた。しかし、ペルシアの宗教政策は、あくまで権力政治的、経済的関心に従事するものであった。その内容は、地方的祭儀の支援ということだけではなく、――ディデュマやアテネで示されたように――地方的祭儀の統制や諸神殿の破壊という形をも取りうるものであったのである。

前五三九年のバビロン征服と新バビロニア王ナボニドスへの勝利とともに、さらなる諸征服への道が拓かれた。キュロス二世自身は、早くも前五三〇年には帝国東部のマッサゲタイに対する遠征で戦死してしまうが、彼の後継者たちはペルシアを一大世界帝国へと拡大させた。カンビュセス二世（在位前五三〇―二二年）はエジプトを征服し、ダレイオス一世（在位前五二二―四八六年）とクセルクセス一世（在位前四八六―六五年）は帝国内を隅々に至るまで組織化した。ただし、この間の王位交代の仔細はあまりはっきりしない。

カンビュセス二世がエジプトで自らをファラオに任じさせた（前五二六／二五年、第二七王朝）後、ペルセポリスでは、正統な王位継承権を主張するガウマタなる人物の率いる反乱が起こる。カンビュセスは、エジプトからの帰路上でよく分からない事情のもとで死亡し、この間に王として振舞っていたガウマタは、ペルシアの貴族たちに殺害された。このような混乱の中から、ダレイオス一世（在位前五二二―四八六年）が王として台頭するのである。

メソポタミアからアジア内陸部へと向かう古い軍用路沿いの断崖に刻まれたベヒストゥンの三ヵ国語碑文には、この王位争いとダレイオス一世の権力掌握の次第について、エラム語とバビロニア語と古代ペルシア語で記されている（TUAT I/421-449）。そこでは、この王の支配権を宗教的に正当化するにあたって、伝統的に知られた混沌と秩序の図式が応用されている（本書一一頁参照）。すなわち、ガウマタのもとでの状況が秩序を欠いたものとされ、ダレイオス一世の登位が秩序ある状態の再確立として描かれているのである。このテキストのアラム語版が、〔エジプトの〕エレファンティネ島で見つかっていることは、このペルシアの大王の政治的な主張が帝国全土津々浦々にまで行き渡っていたことを裏付けている。このパピルスはおそらく、エジプトの南の境界に近いこのペルシアの植民地〔エレファンティネ島〕で、官房の書記官たちを育成するための学校の教材として用いられたのであろう。

その後のペルシア帝国の歴史における一連の矢継ぎ早な王位交代は、前五三九年のバビロン征服から前三三三年のアレクサンドロス大王の軍隊とのイッソスの戦いに至るまで、政治的な状況がいかに激しく変化したかを物語っている。前五世紀全体を通じて、帝国の不安定性は時と共にますます増大した。すなわち、ギリシアでのイオニア諸都市の反乱（前五〇〇—四九四年）、マラトンの戦い（前四九〇年）、サラミスの海戦（前四八〇年）、プラタイアの戦い（前四七九年）での敗北などが相次ぎ、その後はエジプトでの反乱（前四六四—五四年）が追い打ちをかけた。すなわち、リビア系の支配者イナロス二世は、アッティカの海軍の助けを借りて、ナイル・デルタとペルシアの行政府があったメンフィスを自分の勢力下に置き、さらにはレヴァント地方への支配権をも主張したのである。

クセルクセス一世（在位前四八六—六五年）とアルタクセルクセス一世（在位四六五—二四／二三年）のもとでのギリシアに対するペルシア戦争は、ヘロドトス（『歴史』VII, 151–152）が伝えるギリシア諸都市との「カリアスの和平」（前四四九年）ではおそらく終息しなかった。むしろ、その後もさまざまな衝突が続いたのである。同じ年（前四四九年）の西方の諸属州（サトラピー）の反乱や、その後のメディアや小アジアの太守（サトラップ）たちの反乱も、状況の不安定さに拍車をかけた。

南レヴァント地方にとっては、とりわけエジプトの情勢が重要であった。ペルシア人たちは前四五四年にイナロスの反乱を何とか鎮圧することができたが、北エジプトは絶えざる騒乱の震源地であり続けた。このような展開の結果、ついにはエジプトがペルシアから完全に分離するに至る。すなわち、サイスのアミルタイオス（在位前四〇四—三九八年）のもとで、土着の〔エジプト人による〕王朝が樹立され、その後エジプトはほぼ六〇年にわたって政治的な独立を享受する。すでにイナロスがそうしていたように、第二八、二九、三〇王朝のファラオたちは、ペリシテ地方やフェニキア地方の諸都市に関心を向け、このことはペルシア人にとって新たな挑戦と映った。

フェニキアの太守（サトラップ）たちの反乱が鎮圧された後、エジプトはアルタクセルクセス三世オーコス（在位前三五九／五八―三三八年）のもとで再びペルシア帝国に編入された。しかし、この第二次のペルシア支配はごく短期間（前三四一―三三二年）にすぎなかった。それは、ダレイオス三世コドマノス（在位前三三六―三三〇年）に対するアレクサンドロス大王の名高いイッソスの戦い（前三三三年）とガウガメラの戦い（前三三一年）で、終止符を打たれることになるのである。

ペルシアの行政システムと属州「イェフド」

大国バビロニアを征服した後、キュロス二世は既存の行政諸システムを継承した。エルサレムに近いかつてのアッシリアの行政中心地ラマト・ラヘルは、破壊されることなく、ペルシア人によってさらに拡張された。ユダは属州「イェフド」となり、バビロニアおよびユーフラテス西岸のサトラピーに所属することになった。旧約聖書も、このことを前提としている（ネヘ二7―9、三7、エズ四20、八36）。

ペルシア時代のイェフドは、かなり小さかったと推定されねばならない。それは、エルサレムを宗教的な中心地、ミツパ（前四五〇頃まで）とラマト・ラヘルを行政的な中心地とする、およそ五〇×五〇キロメートルほどの地域であった。イェフドの境界は、交易用の粘土製の甕に押された「イェフド」という印章の印影を手掛かりに確かめられる。そのうちの大部分はラマト・ラヘル（三〇七例＝五三％）からのものであり、エルサレムからのものはずっと少ない（一六三例＝二八％）。

バビロニアおよびユーフラテス西岸のサトラピーが設立されると、バビロン征服にも参加したペルシアの将軍グバル／ゴブルヤスがその太守（サトラップ）に任命された。その後、ことによるとすでにダレイオス一世（在位前五二二―四八六年）のもとで、確実にはアルタクセルクセス一世（在位前四六五―二四／二三年）の治世に、帝国の行政の再編が行われた。ヘロドトス（『歴史』III,89-91）によれば、今や属州イェフドはより小さなサトラピーに属することになった。このサトラピーは、今日のシリア、ヨルダン、イスラエルおよびパレスチナ自治区にあたる諸地域からなり、ダマスコから統治されていた。イェフドは、イドマヤ、アシュドド、ドル、サマリア、ギレアド、アンモン、モアブといった属州群に取り巻かれていた。

ペルシア帝国の広大な領土を考えれば、ペルシアの大王の第一の目標は、外政的には国境を軍事的に防衛し、内政的には効率的な行政システムによって帝国の統合を保つことであったにちがいない。そのために役立ったのが、ペルシア人が営んだ使者たちを通じた駅伝制度、統一的な言語――いわゆる「帝国アラム語」――、練り上げられた徴税制度であった。徴税について言えば、各地の属州からは、地方税や中央税が取り立てられた。ネヘミヤ記には、「王の税」に言及されている（ネへ五4）。また、エズラ記には「大河（＝ユーフラテス）の向こう側の税」（エベル・ハンナーハール、「ユーフラテスの西方」の意味。ネへ二7―9、三7、エズ八36参照）について語られている。これらに加えて、総督の給与を賄うための地方的な徴税（ネヘ五14―15）や、地方行政のための徴税、おそらくさらには神殿の財政のための徴税（ネヘ一〇33―35、一三12）も行われた。

各属州は、経済的には、増大する国際交易に方向づけられていた。今や、硬貨が流通するようになった。すでに前六世紀に、ギリシアの銀貨が南レヴァント地方で用いられていたことが分かっている。前四五〇年頃以降のフェニキアの海岸諸都市（ビブロス、シドン、ティルス）や、前四四〇年頃以降のペリシテ地方の諸都市（アシュケロン、アシュドド、ガザ）では、固有の硬貨が鋳造されるようになった。それらは当初は明らかにギリシアの四ドラクマ硬貨を模倣したものであったが、後にはペルシア的なモチーフ――例えばペルシア王の肖像――も見られるようになる。ただし、イェフドで独自の硬貨が鋳造されるようになるのは、前四世紀初頭以降になってからのことである。

硬貨の登場と、イェフドへのその導入がやや遅れたことには、政治的、経済的な理由がある。ペルシア人は南レヴァント地方を安定化させる必要に迫られた。そこで、まず海岸地方の諸都市に〔エジプトでの〕イナロスの反乱（前四六四―五四年）とエジプトの独立（前四〇四年）を受けて、独自の硬貨の鋳造権が認められたのであるが、やがて内陸部に位置する諸属州も重要性を増していった。イェフドもまた、明らかに、それまで以上にこの経済圏に編入されるようになった。考古学的には、このことは、この時期にギリシアからの輸入品の量が増大することに示されている。その結果、前五世紀の後半以降に経済が飛躍的に繁栄し、これに伴い人口も増大した。

政治的、経済的諸変動から見て、南レヴァント地方については、ペルシア時代を二つの時期（前五三九―四五〇年と前四五〇―三三三年）に区別した方がよい（より古い研究では、それぞれ「ペルシア時代Ⅰ」、「ペルシア時代Ⅱ」と呼ばれた）。土器の類型はそれほどたいした変化を示してはいないのであるが、この区別は、政治的な諸事情に対応している。ペルシア時代の前半には、イェフドは出来事の周縁に存在していたにすぎず、前四五〇年頃の大きな政治的状況の変化を経て、初めてペルシア人の関心の的になったのである。おそらくイェフドでは、ペルシア帝国全土で執行されていた構造的な諸施策が、ようやくこの時期になって初めて効果を発揮しだしたのであろう。すなわち、中心化された貨幣政策、統一化された行政・統治言語、帝国全土を包括する情報システムなどの諸施策である。

イェフドは、アルタクセルクセス一世（在位前四六五―四二四／四二三年）の治世になって初めて独立した属州になったのであり、それ以前は属州サマリア（シャミーリーナ）に属していたと解釈すべきであるのか、あるいはイェフドは最初から〔独立した〕属州としての地位を持っていたのであり、固有の総督／知事を擁していたのか、という問題は、今日に至るまで解決していない。

ペルシア時代初期のイェフドにおける物質文化は、バビロニア時代からの著しい連続性を示している。人口動態学的状況の大きな変化も、土器上の新機軸も、ほとんど見られない（O. Lipschits）。両者に変化が見られるようになるのは、せいぜい前五世紀後半以降、より顕著には前四世紀になってからである。その一つがイェフドの押印式印章で、その図像は強固な連続性を示しているのではあるが、前四世紀以降になると、〔図像がなく〕「イェフド」もしくはその短縮形（*yhd/yh*）の文字だけが書かれるようになる。

全体として見れば、これらすべてのことは、イェフドが――それゆえエルサレムも――ペルシア時代初頭にはたいした重要性を持っていなかったことを示している。ペルシア人の関心はもっぱらフェニキアの諸都市に向けられており、またエジプトに集中していたのである。

エジプトとエレファンティネ島の「ユダ人／アラム人」

ペルシア人が支配した領域における彼らの政策は、エジプトを好例として明らかにすることができる。前五二五年にカンビュセス二世（在位前五三〇―二二年）がエジプトを征服した後、イェフドと同様、その地に存在していた行政システムが受け継がれたが、高官たちはペルシア人に入れ替えられた。当地にあった既存の体制をそのまま利用するというペルシアの政策は、エジプトの高官ウジャホルレスネトの生涯にも示されている。エジプトの神官の息子であったこの人物は、第二六王朝の最後の二人のファラオのもとで、エジプト海軍の提督を務め、カンビュセス二世によるエジプト征服の後は、医師長ならびに顧問官としてペルシア人の宮廷に仕えた。この王のもとでウジャホルレスネトは、旧都サイスでの神殿修繕に従事したが、前五一九／一八年に造られた石碑の碑文で彼は、神殿での祭儀の意義についてペルシア王に「進講し」、そこから「すべての外国人」を追い払うように要請し、カンビュセスが「神殿に以前同様のすべての特権を（再び）与える」ように嘆願した。これを受けて、カンビュセスは自らサイスに赴き、同地のネイト女神の神殿で犠牲を捧げたという。同じ碑文によれば、ウジャホルレスネトは、ダレイオス一世（在位前五二二―四八六年）のもとでも顧問官を務め、サイスの神殿（エジプトの用語では「生命の家」）に書記の学校を再建するようにこの王に委嘱されている。そこでは書記たちに、「以前同様、必要なすべての読み書きの能力が伝授された」のである（すべての引用はTUAT I/4, S. 603–607による）。

このウジャホルレスネトの例は、初期ペルシア時代における、帝国の安定化のために属州の重要な神殿を振興しようとするペルシア人の関心を裏付けている。サイスは、直近の土着の王朝の首都であった。このことは同時に、カンビュセスがエジプトの神殿に敵対したという、しばしば引用されるヘロドトスの記述（『歴史』III, 31–38）が正しくないことを意味している。

これと同じようなペルシア人の措置は、前五世紀にエジプト南部の軍事植民地に住んでいたヤハウェ崇拝者たちに対しても講じられている。「ユダ人／アラム人」と自称していたこの集団については、二〇世紀初頭にナイル川の中州であるエレファンティネ島で発見されたパピルス群が情報を提供してくれる。それらのテキストによれば、すでにカンビュセス以前の時代に――ということは第二六王朝のファラオたちの治世に――、同地には「ヤフ（＝ヤハウェ）」という神のための神殿が建てられていた（HTAT 285）。ことによるとこの集団の一部は、サマリア征服（前七二二／二〇年）の後にすでにエジプトにやって来ていたのであり、別の一部は南王国ユダの滅亡後にやって来たのかもしれない（エレ四三4―7参照、B. Becking / K. van der Toorn）。

エレファンティネ島で見つかったアラム語の文書集の中身は、私的・公的な書簡、契約書、名簿、陶片（オストラカ）に記された注記、文学テキスト等である。それに、数多くのエジプト語で書かれたテキストが付け加わる。何といっても、エレファンティネはエジプトでも重要な場所だったからである。それらのテキストと考古学的な遺物によれば、ヤフ神の神殿と、雄羊の頭をしたエジプトの神クヌムの神殿は、通り一つを挟んだだけで並び立っていた。この中州は非常に小さかったので、さまざまに起源を異にする人々が、非常に狭い空間の中でひしめき合って暮らさなければならなかったのである。エレファンティネはいわば、ペルシア人、エジプト人、シリア人、カリア人、メディア人、それに「ユダ人／アラム人」が混在する「多文化的」な共同体だったのである。しかもユダ人たちが住んだ区域は、その南端がクヌム神殿の境内と接していた。両者の間には、ヤフの神殿と「王の街路」があった。大きな行列用道路（「王の街路」）のそばにあるという、ヤフの神殿の際立った位置は、多大な結果をもたらす誤解を生んだ。ヤフの神殿の中庭で牛や羊の犠牲が捧げられたことは、エジプト人から、クヌム神の神殿での公式な祭儀と競合するものと見なされたのである。そこでも、神々の敵を滅ぼすための儀式の枠内で、牛や羊や山羊が犠牲に捧げられていたからである。クヌム神の神官たちの教唆により、前四一〇／〇九年頃、ヤフの神殿は略奪を受け、（部分的に）破壊された（HTAT 285, Z. 5–8）。その後再建された〔ヤフの〕神殿では、動物の犠牲は捧げられなくなった（HTAT 286）。なぜなら、エレファンティネ島の本来の主神殿はあくまでクヌム神の神殿なのであり、ヤフ神の神殿など、このナイル川の中州に住む数多くの民族の一つに属する小さな副次的聖所にすぎないことに疑問の余地はなかったからである。

　エレファンティネ島のこの多文化的な共同体の生活ぶりを垣間見させてくれるものに、ユダ人女性ミブ／プタヒヤ〔「ミブタヒヤ」ないし「ミプタヒヤ」〕の家族文書がある。彼女はヤハウェの要素を含む名（「ヤハ［ウェ］は［わが］信頼」の意味。詩四〇5、七一5参照）を持ち、最初はイェザヤというユダ人男性と結婚していた。その後彼女は、パヒの息子でピアというエジプト人の大工頭と二度目の結婚をした。その後この人物と離婚した彼女は、財産分与の際にエジプトの女神でエレファンティネ島の主女神であったサテトに掛けた誓いをたてている。ミブ／プタヒヤはエスホル（「ホルス［神］に属する」）という名のエジプト人と三度目の結婚をするが、彼女の息子たちは、その後も「エレファンティネのユダ人」とか「シエネのアラム人」と呼ばれ続けている（HTAT 290–292）。

ミブ／プタヒヤの文書集からは、さまざまな契約書も知られている。その中には、一一人の証人の公証を伴う彼女の父の土地の譲渡状や、エスホルとの結婚契約状、彼女の息子たちの間での遺産分割状も含まれている（HTAT 291）。書類に記された名前からは、文化的多様性が見て取れる。証人の一人は「ホセア」という聖書的な名前を持っているが、この人物は「ペテ・クヌム」という人物の息子なのであり、したがってエジプト人である。これと比較できる例として、エレファンティネ島ではヤハウェ崇拝者であっても、他の宗教ないし他の民族に属する配偶者を持つことが可能だったことや、同地でヤハウェと並んで他の神々も崇拝されていたことが挙げられる。書簡の宛名書きや宣誓の定式には、ヤフや、クヌム、サテト等のエジプトの神々の名と並んで、ベール（「マルドゥクの称号」）、ナブー、シャマシュ、ネルガルといったバビロニアの神々の名も見られる。これにはさらに、アナト・ヤフ、アシム・ベテル、ヘレム・ベテルといったシリア・パレスチナ系の神々や、女神アナト・ベテルが付け加わる。ある納税記録からは、エレファンティネ島のヤハウェ神殿ではヤフ／ヤハウェ神と並んでアシム・ベテルとアナト・ベテルが崇拝されていたことが分かる（HTAT 288）。エレファンティネ島のユダ人／アラム人は、旧約聖書の十戒で要求されているような、唯一の神ヤフ／ヤハウェの排他的崇拝という意味での一神教とは無縁であったのである。

これらのテキストには、モーセの第五の書（申命記）の祭儀諸規定や律法が知られていたという痕跡もまったく見当たらない。たしかにエレファンティネのユダ人も除酵祭や過越祭を祝ったが、それは申命記一六章に規定されたような仕方ではなかった。彼らは「シャバット」を知っていたが、それは安息日や祭日としてではなく、あくまで平日としてであった。要するに、エレファンティネ島で発見された諸テキストは、ヤハウェ宗教の多文化的な形態を認識させる。それは、申命記の中心的な諸要求に方向づけられたものではなかったのである（L. L. Grabbe）。

聖書的な伝統とのこれらの差異がことさら重要なのは、エルサレムの人々とエレファンティネ島の人々が互いに知り合いだったからである。前四一〇／〇九年に、エジプト人部隊とシエネの司令官ナーフィナの指揮する外国人傭兵軍団の連合軍によってヤフ神殿が略奪された際に、エレファンティネ島のユダ人たちは、イェフドの総督、サマリアの支配者たち、そしてエルサレムの大祭司に手紙を書いて訴えている（HTAT 284–285）。イェフドとサマリアの総督たちからは、神殿再建の許可状も発出されている（HTAT 286）。このことは、エレファンティネ島が決してヤハウェ宗教の中核地域から切り離されていたわけではなく、ペルシア帝国の郵便・駅伝制度の枠内で、サマリアやイェフドの高官たちや、エルサレムの祭司たちと文通を行う関係にあったことを示している。

ゲリジム山上のヤハウェ聖所とサマリア人

ペルシア時代には、南エジプトのナイルの中州エレファンティネのヤフ神殿の他にも、エルサレムとは別のヤハウェ聖所が存在していた。シケムの町に近いゲリジム山上の聖所である。考古学とテキストが示すところによれば、ほぼ一万平方メートルの広さを持ったこの聖所は、明らかにエルサレム神殿よりも大きいだけではなく、より重要でもあった。ペルシア時代後期の南レヴァント地方における大きなヤハウェ共同体を探すとすれば、それはここ、すなわちエルサレムではなく、ゲリジム山上の「サマリア人」たちのもとに見出されるのである。

新約聖書や古代の文献では「サマリア人」は、エルサレムおよびそこで行われている宗教とは厳格に区別された、一つの宗教混淆的な集団として描かれている（ヨハ四9、八48、使八25、ヨセフス『ユダヤ古代誌』IX, 296; XI, 260–247, なお王下一七24―41をも参照）。歴史的に見れば、事情はまったく異なっている。一九八〇年代にゲリジム山上で行われた一連の考古学的な発掘調査は、ゲリジム山上のこれらのヤハウェ崇拝者たち――彼らは「サマリアのヤハウェ主義者たち」（J. Dušek）とも呼ばれてよい――についての新しい見方をもたらした。エルサレムとゲリジム山上の二つのヤハウェ聖所の関係についての白熱した論争でどのような立ち位置をとろうとも、疑問の余地のないことが一つある。ゲリジム山上の聖所は前五世紀に建設され、エルサレムから直線距離でわずか四五キロメートルの位置にある。それゆえ、エルサレムのヤハウェ祭儀がそれとまったく切り離されて存在していたなどということはありえない。むしろ、ここでは、イスラエルの初期の歴史について語る聖書テキストの場合と同じような印象を受けざるをえない。すなわち、そのようなテキストでは、「イスラエル」と「カナン」の間の関連性は一貫して組織的に否定されていた。それと同様に、捕囚後の時代のテキストでは、「エルサレム」と「サマリア」の結び付きが意図的に隠蔽されてしまっているふしがある（B. Hensel）。

発掘者であるイツハク・マーゲンの解釈によれば、ゲリジム山上のヤハウェ聖所は、前四八〇年頃創建された。ペルシア時代の硬貨や土器、それに放射性同位元素C14によって年代測定できる木片などから、この聖所の第一期は、前四八〇—三三二年頃であったことが分かる。ほとんど正方形をなすこの施設は、縦横が九八×九六メートルと驚くほど大きく、しかも強大な城壁によって取り囲まれていた。北側には六つの脇部屋を持つ城門があり、その形態はハツォル、ゲゼル、メギドの鉄器時代の城門によく似ている。この広大な聖域の内部には、一つの主祭壇と、少なくとも一つの副祭壇があった。この施設の第一期には、おそらく建物としての神殿はまだ存在せず、単に露天の聖所があっただけだったと推測できる。

ゲリジム山で見つかった複数の宗教的な碑文や、ワディ・エッ・ダリイェで発見された経済文書や行政文書からは、幅広い宗教的な多様性（スペクトルム）が見て取れる。すなわち、一方ではゲリジム山上にほとんど古典的とも言えるヤハウェ祭儀が存在していたが、他方でかつてのイスラエル王国の領土であったこの地域には、エレファンティネやバビロニアの状況と比較できるような、一つの多文化的なヤハウェ共同体が存在していたのである。

ゲリジム山上の聖所で見つかった、アラム語やヘブライ語の奉納碑文のほとんどは、ヘレニズム時代のものであるが、中には前五世紀や前四世紀に遡る可能性のあるものもある。碑文のほとんど（一—三八一番）はアラム語で記され、ヤハウェ崇拝者によって奉納されたものである。彼らの名前は、イェフドで見られるものとほとんど区別できない。「デラヤフ（デラヤ）」や「イェホナタン（ヨナタン）」などヤハウェ系の人名と並んで、「イシュマエル」や「エルナタン」など、「神」を表すヘブライ語の短縮形である「エル」の要素を含む人名が見られる。神名ヤハウェの神聖四字（テトラグラマトン、YHWH）は、古ヘブライ文字（三八三番、なお、三八九番をも参照）とアラム文字（三九三番）の双方で見られる。さらに、聖書にも祭司の名として出てくるピネハスやエルアザルの名前も見られる（民二五7、11参照）。

ゲリジム山上のヤハウェ聖所の奉納碑文と比較してみると、ワディ・エッ・ダリイェで見つかった素材は明らかにずっと国際的である。前三七五—三三一年頃のものと見られるパピルス、粘土製の封泥（ブッラ）、硬貨などはおそらく、ペルシア時代のパレスチナにおける最大にして最重要であった町、サマリアに由来するものであろう。これらの素材は、それが多文化的な社会であったことを示唆している。すなわち、ヤハウェやエルの要素を持ったり持たなかったりするイスラエル的・ユダ的な人名——その中にはヨハナン、ハナンヤ、ネヘミヤ等の周知の名前も含まれる——と並んで、多くのアラム系、フェニキア系、エドム系、アッカド系、ペルシア系の名前の形が見られるのである。パピルスは通常、奴隷の売買や不動産、金の貸し借り、抵当などに関わる私的な契約書である。その際には、エレファンティネ島の場合と同様、聖書の法的基準（例えば奴隷についての法）への依拠はまったく見られず、地方的な――ここではバビロニアの――法的習慣の影響が支配的である。法的習慣と人名の二つは、相まって、さまざまな民族に属する人々が並存ないし混在していたことを示唆している。

国際的な影響力が強かったことは、ワディ・エッ・ダリイェで出土した印章や、前四世紀のサマリアの硬貨からも見て取れる。すなわちそれらには、フェニキアの半神であるベスやタルソスのバアル等と並んで、ゼウスやアフロディテ、ヘラクレス、ヘルメス、ニケといったギリシアの神々が見られるのである。なるほど、ギリシアの影響は同時代のイェフドの硬貨にも感じられるのではあるが、モチーフの多様性（スペクトラム）はサマリアと比較すれば著しく少ない（本書一四四頁参照）。

ペルシアの宗教政策とエルサレム第二神殿

一連の政治的な出来事や、ペルシアの行政システム、エレファンティネ島やバビロンやサマリアのヤハウェ共同体の状況などを背景として、イェフドにおける宗教史的な発展に目を向けるならば、まずもって一つの事実に注意が払われなければならない。旧約聖書中である程度信頼できると言える神殿再建についての唯一の資料は、それが「ダレイオス」という王の治世のことであったとしている（ハガ一1、なお、エズ四5、24をも参照）。ただし、それがダレイオス一世（在位前五二二―四八六年）のことなのか、あるいはまたダレイオス二世（在位前四二三―〇四年）のことなのかは必ずしもはっきりしない。したがって、神殿の再建とそれに結び付いた一連の宗教政治的な諸措置が、ペルシア時代の後半になって初めて行われた、というのもありうることなのである。このことはすなわち、エルサレム神殿が再建されたのは、ゲリジム山上にヤハウェ聖所が存在するようになった後たっぷり六〇年も経ってからであった、ということを意味するのであろうか。現今の旧約学研究では、これについて多種多様なシナリオによる議論が戦わされている。それは、ゲリジムとエルサレムのライバル争いという想定に始まり、エルサレムの小さな神殿共同体はゲリジム山上の大きなヤハウェ共同体のある種の支部聖所であった、とする学説にまで至る。

以前の旧約学研究では長い間、聖書の描くイメージに従い、歴代誌下三六章22―23節やエズラ記一章1―4節に描かれているように、神殿の再建許可と祭具の返還を命じた、ペルシア王キュロスの公的な勅令が出発点をなしたと考えられてきた。しかし、この「キュロスの勅令」について語る聖書のテキストは後代の産物であり、キュロス二世（在位前五五九―三〇年）のもとで神殿再建が始まったという学説を裏付けることはできない。歴史的に見れば、キュロスが彼の治世のまさに初めにエルサレム神殿に関わる諸措置を命じた、などということはおよそありそうにない。そこで、エルサレム神殿の再建については、現在、二つの異なるシナリオが考えられている。

第一のシナリオは、前五八七／八六年のエルサレム征服後も、（部分的に破壊された）神殿の地域で、ヤハウェ祭儀が行われ続けたという前提から出発し、しかもハガイ書一章1節に名を挙げられている「ダレイオス」は、ダレイオス二世（在位前四二三―〇四年）のことであると解する。したがってこのシナリオによれば、神殿の再建とそれに伴う宗教政治的な諸措置は、ペルシア人の関心がペルシアの属州であるイェフドに向けられるようになった後で初めて行われた、ということになる。そしてそれは、前四六四—五四年のエジプトの反乱（イナロス）や、前四四九年のユーフラテス西岸のサトラピーの反乱（メガビュゾス）よりも後のことなのである。これに前四五〇年頃以降に実施された経済再編を加味して考えるなら、エルサレムにおける宗教政治的な諸措置は、前五世紀後半におけるペルシアの属州イェフドの拡張ということと結び付けざるを得なくなる。しかも、それらの宗教政治的諸措置をダレイオス二世の施策とすることは、この王があるヤハウェ共同体の宗教生活に関心を寄せていたことが判明している、という事実にも支持される。あるアラム語のパピルスには、エレファンティネ島のヤハウェ共同体で過越祭と除酵祭を挙行するようにというダレイオス二世の公的な指示が含まれているのである（HTAT 283）。

この〔第一の〕シナリオでは、聖書の登場人物であるネヘミヤとエズラが何の役割も果たさないが、第二のシナリオの方では、多少の修正は伴うとはいえ、古典的なイメージにより一致する。このシナリオは、ハガイ書一章1節に名を挙げられている「ダレイオス」とは、ダレイオス一世（在位前五二二—四八六年）のことであり、この王の治世第六年（すなわち前五一五年）にエルサレム神殿が再献堂された、という前提から出発する。エジプトのウジャホルレスネトの場合と同様に、エルサレムでも、地元のエリートの代表者がペルシアの大王の特使として、征服された王国の首都で宗教政治的な諸施策を実施した、ということは十分考えられる。エズラ記三章2節には、ゼルバベルという名のダビデ家の一員がこの再建事業に携わったことが記されている（ハガ一4、ゼカ四

6―10参照)。そこで言われていることは、サイスでのウジャホルレスネトの場合と同様、部分的に破壊された神殿の修繕事業であったのかもしれない。

旧約聖書は、本来の宗教政治的諸施策を、ペルシアの特使であるネヘミヤと、祭司エズラに結び付けている。そして彼らの活動は、「アルタクセルクセス」という名の王と関連させられている。多くの場合、ネヘミヤ(ネヘ一1)はアルタクセルクセス一世(在位前四六五―四二四/四二三年)と、またエズラの派遣(エズ七7参照)の方はアルタクセルクセス二世(在位前四〇五/〇四―三五九/五八年)と結び付けられる。旧約聖書の記述によれば、エズラはアルタクセルクセスの委任を受け、「トーラー」を神の法として公布したことになっている。このことは通常、地方的な法がペルシアの帝国法(アラム語で「ダート」)に格上げされたこととして理解されている。しかし、そのような経過は、ペルシア帝国においてまったく類例がない。エズラ記七章の記述も、明らかにエルサレム側の視点から書かれている。しかもこのテキストは、おそらくヘレニズム時代のものなのである(S. Gärtz)。

ネヘミヤについての聖書の記述も、歴史的にはかなり用心して取り扱わねばならない。以前の研究では、ネヘミヤ記一―七章、一一―一三章の一部から、真正の「ネヘミヤ回想録」を再構成しようという試みがなされたが、最近の研究は、そのような試みに対して非常に懐疑的である。聖書の記述によれば、ネヘミヤはもともとスサの宮廷で王の献酌官として生活していたが、破壊されたエルサレムのことが大いに心にかかったので、特使としてエルサレムに派遣されることになったのであるという。このような事態そのものが、非歴史的であるという印象を与える。

それでもなお、強度に神学的な色彩で塗りつぶされたネヘミヤとエズラについての記述の中に歴史的な核を見ようと望むなら、そのような核は、前述の第一のシナリオとそれほど時間的にかけ離れたものではなかった、ということになろう。すなわち、前四五〇年頃以降の政治的、経済的な発展の枠内で、エルサレムという宗教的な中心地を擁するイェフドの評価が高まっていった。そこで、宗教政治的な諸施策が同地で講じられるようになったのである。

二つのシナリオのうちいずれを優先させるのであれ、疑問の余地のないことが一つある。ペルシア時代のエルサレムが小さな神殿都市だった、ということである。考古学の示すところによれば、前五八七／八六年の出来事〔ユダ王国の滅亡とエルサレムの破壊〕以降のこの町は、古いダビデの町、すなわち狭い南東の丘に縮小していた。イスラエル・フィンケルシュタインの見解によれば、ペルシア時代初頭のエルサレムには、わずか二〇〇人から五〇〇人が住んでいたにすぎない。前四五〇年頃以降のペルシア時代後半になって、エルサレムの人口はようやく一〇〇〇人程度に増大した（H. Geva）。この場合でもエルサレムには、エレファンティネ島のヤハウェ共同体と比べてせいぜい三〇〇〇人程度多くの人々が住んでいたにすぎない。換言すれば、前四〇七年にエレファンティネ島の祭司たちがエルサレムに書簡を送ったとき、彼らは、自分たちの共同体よりもほんのわずか大きいだけの神殿共同体に連絡したことになるのである。このことは、遅くとも前四〇七年以降、エルサレムに単なる地域的な意義を超えた重要性を持つ一つの神殿が存在した、ということを意味する。エレファンティネ島のヤハウェ祭司たちが送ったこの書簡には、「大祭司イェホハナン〔ヨハナン〕」の他、「エルサレムにいる祭司たち」や「ユダ人の貴人たち」に言及されている（HTAT

285, *Z.* 18–19)。このことは、前五世紀末のエルサレムに、一つの祭司の組織、一人の大祭司とユダのエリートたちを伴う一つの神殿共同体があったことを示している。

まとめ

古代イスラエル史で、ここ二〇年ほどの間に、ペルシア時代ほど決定的な変更を加えられた時代は他にない。以前の研究では、エズラ記やネヘミヤ記に描かれた聖書の記述は大幅に追随できる、と考えられていた。ところが今では、歴史的実情がそれとは異なるものであったことに疑問の余地がなくなっている。このことは、ヤハウェ宗教の相互に異なる諸形態〔の成立〕ということに始まり、エルサレムにおける諸施策ということにまで及ぶのである。

もしペルシア時代のイスラエルの歴史を再構成したいと望むなら、厳格に聖書外史料を出発点としなければならない。そこからまず明らかになるのは、前五世紀から前四世紀にかけての大きく重要なヤハウェ聖所は、エルサレムにではなく、サマリア人の聖なる山、ゲリジム山上にあったということである。たとえ伝統的なイメージに従おうと欲し、エルサレム神殿がすでに前五一五年前後に再献堂されていたことを前提としようとも、前四八〇年頃以降、その神殿はゲリジム山上の聖所の陰に隠れるような存在になっていたのである。

エルサレムが宗教的な中心地としての重要性を再獲得するのは、ペルシアの王たちが、南レヴァント地方を組織的により引き締める必要性を感じるようになった時期からである。それは、前四五〇年以降のことであり、新しい行政システムが導入され、最初はフェニキアとペリシテ地方、次いで前四世紀以降はイェフドでも硬貨が鋳造されるようになる時期に当たる。この時期のイェフドでは、週ごとの「シャバット」〔安息日〕、男子の割礼、トーラーの強調と唯一神への信仰（一神教）といった、古代ユダヤ教の重要なアイデンティティの諸特徴の形成へとつながる展開が始まっていた。

この時期にヤハウェ宗教の相互に異なる諸形態が成立したということも、ペルシア時代の特色の一つである。大雑把に言えば、一方には、エルサレムとゲリジム山上で行われているヤハウェ宗教があり、そのあり方はおそらく、どちらかといえば保守的であった。他方では、エジプトやバビロニアに、文化的に開かれており、国際的に融通の利く捕囚の諸共同体が存在していたのである。アール・ヤーフードやその他の場所から見つかったバビロニアのテキストも、またエレファンティネ島からのアラム語のテキストも、他の民族との活発な交流を特徴とする宗教的なアイデンティティの一形態を認識させる。すなわち、異民族婚を行い、神の法である「トーラー」が――少なくともエレファンティネについてそう推測できるように――ほとんど何の役割も果たさないような宗教の一形態である。

ただし、ペルシア時代に、これらのヤハウェ宗教の相互に異なる諸形態は、決して相互に無関係に存在していたわけではない。例えばエレファンティネ島のヤハウェ共同体は、エルサレムの神殿共同体や、おそらくはゲリジム山上のそれとも、文通を交わす関係にあった。これに、キティオン

（キプロス）に「ユダ人」の居住地があったことを示す史料や、ペルシア時代のイドマヤ（ヒルベト・エル・コーム、HTAT 338）やイェフドの西の境界に位置するラキシュにヤハウェ聖所があったことを示す史料等の新しい考古学的知見を考え合わせるなら、イェフド本土においてもまた、ヤハウェ宗教の相互に異なる諸形態が並存していたということを前提とすべきであろう。

おそらくはこの種の並存が、ペルシア時代とそれに続くヘレニズム時代に、やがてはヘブライ語聖書――すなわち旧約聖書――に発展する、宗教的――特に歴史神学的――な性格の文学が生み出されていくことの背景となったのであろう。相互に異なる自己同一性理念（アイデンティティ・コンセプト）が並存していたことは、エズラ記・ネヘミヤ記とルツ記の対立に典型的な形で示されている。すなわち、前者があらゆる異国的なものと厳しく絶縁し、異民族との結婚（族外婚）を問答無用で拒絶するのに対し、ルツ記の方はまさに、異民族との結婚を擁護するものとして、そしてまた、排除ではなく包摂を目指す自己同一性理念（アイデンティティ・コンセプト）として読めるのである。

第五章　ヘレニズム時代（前三三三―前六三年）

ペルシア時代についてと同様、ヘレニズム時代についてもまた、エルサレムとイェフドの発展は、政治的な諸変動という文脈の枠組の中で見られねばならない。その時代は、三つの段階に区別できる。すなわち、（一）比較的短かったアレクサンドロス大王の支配、（二）プトレマイオス朝およびセレウコス朝のもとでの長い期間、（三）ハスモン家の王国の時代の三つである。南レヴァント地方は、前三世紀にはプトレマイオス朝、前二世紀にはセレウコス朝の支配下に置かれ、その後、ハスモン家の人々が最後の土着の王国を樹立した。それには、前六四／六三年のローマ人によるパレスチナ征服が続く。

アレクサンドロス大王とプトレマイオス朝の台頭

第一マカバイ記はその冒頭（Ｉマカ一1―7）で、マケドニア王フィリポスの息子アレクサンドロスが若き軍隊指揮官としてペルシアの王を打ち破り、マケドニアの王としての一二年の治世の後に死去したことを伝えている。マケドニア王国はギリシア世界の辺境、すなわちエーゲ海の北西に位置したが、アレクサンドロスの父フィリポス二世（在位前三六〇／五九―三三六年）のもとで多大な影響力を獲得した。軍隊の増強や新素材（木材や貴金属）の導入、ギリシア式の教養理念の採用などを通じて、この王国は繁栄を享受した。カイロネアの戦い（前三三八年）でのギリシア人への勝利を通じて、フィリポス二世はギリシアの諸都市国家への支配権を握った。前三三六年に彼が没すると、彼の息子で弱冠二二歳のアレクサンドロスがその支配権を受け継ぐことになった。

「大王」とも呼ばれることになるアレクサンドロス三世（在位前三五六―三二三年）は、ごく短期間で一つの世界帝国を創建した。ギリシアおよびバルカン半島への一連の遠征に、ペルシア人の征服が続いた。すなわち、トロイアに近いグラニコス川での戦い（前三三四年）でペルシア帝国の小アジアのサトラップたちに勝利した後、アレクサンドロスは、名高いイッソスの戦い（前三三三年）でペルシア王ダレイオス三世（在位前三三六―三三〇年）を打ち破り、自身でペルシアの大王となった。次に彼は、前三三二年にエジプトに向けて進軍した。その際に、フェニキアのティルスは七カ月にわたる攻囲の末に陥落し、二カ月後にはガザが続いた。考古学的には、海岸平野沿いに一連の破壊の跡が確認できる。それにはテル・ケイサン（第二層b）、アッコ、メギド（第I層）、それに二〇一四年に発掘された、ガザとアシュケロンの間に位置するネティブ・ハ・アサラと呼ばれるペルシアの軍隊駐屯地も含まれる。

ヨセフスによれば、アレクサンドロスは、ティルスの征服とガザの征服の間にエルサレムの大祭司と会見したという。しかし、『ユダヤ古代誌』（XI, 304–345）に記されたこのエピソードは史実とは考え難い。アレクサンドロスはあくまでエジプトに集中していたのであり、――前五八七／八六年のネブカドネツァルと同様――パレスチナ内陸部の征服は、一人の将軍に任せていたのである。その際には、サマリアがある特別な役割を果たした。この町は、最初は抵抗したのだが、前三三二／三一年には陥落し、マケドニアの軍事植民地に変えられたのである。

エジプト征服後、アレクサンドロスはファラオに登位し、「アメンの息子」を名乗ることで、エジプトの王権イデオロギーを意識的に自分に重ね合わせた。彼は、現在のカルナクにあるテーベのアメン神殿を修繕し、メンフィスでは聖牛アピスに犠牲を捧げ、アメン神の神託を受けるためにシワ・オアシスまで巡礼した。この神は、今や「ゼウス・アンモン」として崇拝されるようになっていたのである。諸史料によれば、これらの巧妙な宗教政策は実を結んだ。すなわち、エジプトの神官たちはアレクサンドロスを、正統的な支配者として承認したのである。同時に、大きな帰結をもたらす変更もあった。すなわち、アレクサンドロスは前三三一年、ナイル・デルタの西側に、ヘレニズム時代の最重要の大都市の一つとなり、エジプト内部で古典的な中心的な諸都市――なかんずくテーベ――を凌駕することになる、一つの町を新設したのである。すなわち、アレクサンドリアである。

この町が完成されるのは、プトレマイオス二世（在位前二八五／八四―四六年）の治世になってからであるが、ヘレニズム時代の学問、文学、哲学の中心地に向けてのアレクサンドリアの発展は、すでにアレクサンドロスのもとで始まっていた。アレクサンドリアはエジプトの地に建設された一つのギリシア都市（アレクサンドリア・アド・アエギュプトゥム）であり、さまざまな異民族集団を移住させることによって、プトレマイオス朝の時代における一大多文化的中心地となった。おそらくは、アレクサンドロスの後継者であったプトレマイオス一世のもとで、古代の世界の七不思議の一つとされるファロス島の灯台の建設がすでに始まっていた。少し遅れて、伝説的なプトレマイオスの図書館も建造された。そこには四万冊以上の書物が収蔵されていたとされる（H.-G. Nesselrath）。

この町が建設されたとき以来、ユダヤ人もサマリア人もアレクサンドリアに住んでいた。前四世紀末のガザの戦い（前三一五年）後には、さらなるユダヤ人が戦争捕虜としてこの町に連れて来られ、前三世紀から前二世紀にかけては、これに難民としてやって来るユダヤ人が加わった。ギリシアの歴史家ディオドロスによれば、ヘレニズム時代後期のアレクサンドリアには三〇万人もの住人がおり、それにはエジプト人、ギリシア人、ユダヤ人、リュキア人、フリュギア人などが含まれていた。前二世紀後半の書簡形式の偽書『アリステアスの手紙』（前一二五年頃）によれば、ユダヤ人はこの町の社会の一員であり、限定的な自治を認められていたが、完全な市民権は持っていなかった（いわゆる「ポリテウマ」、本書一四九頁参照）。

このような多文化的で、ヘレニズム的な色彩の濃厚な環境の中で、「七十人訳（セプチュアギンタ）」、すなわちヘブライ語聖書（旧約聖書）のギリシア語訳が成立した。これに関する伝説によれば、プトレマイオス二世フィラデルフォス（在位前二八五／八三―四六年）は、彼の司書官であったデメトリオスの助言に基づき命令を発し、イスラエルの一二部族それぞれから各六人出された翻訳者たちに、ユダヤ人の「トーラー」をギリシア語訳させたとされる。ただし、『アリステアスの手紙』にあるこのような記述に反し、ヘブライ語聖書が一気に翻訳されたわけではなく、長い期間を掛けて少しずつ訳されたことは確実である。

アレクサンドリアの基礎を据えた直後に、アレクサンドロスはシリアに向けて進軍した。ペルシア帝国の中心部に侵攻するためである。前三三一年、チグリス川上流のガウガメラの戦いで、彼はペルシア人を最終的に打ちのめした。前四八〇／四七九年のペルシア人によるアテナイの略奪への報復として、アレクサンドロスはペルセポリスの一部を焼き落とさせた（「パン・ヘレニズム的復讐」）。前三二七年から前三二五年にかけてのインダス川流域遠征によって、アレクサンドロスの帝国はその最大版図に達した。しかしアレクサンドロスは、西方およびアラビアへのさらなる諸遠征のための準備中に、バビロンで急死した（前三二三年）。享年三三歳であった。その結果、広大な帝国の支配権をめぐって、軍事的エリートたちの間に紛争が起こった。アレクサンドロスは、ペルシアの行政システムを受け継ぐ形で、自分の家臣たちを諸属州のサトラップに任命していた。エジプトではプトレマイオスが、またシリアおよび帝国東部ではセレウコスがその任に当たっていた。これによってアレクサンドロス自身が、その後ローマ人の台頭までの期間、ユダヤとエルサレムを含む南レヴァント地方を震撼させ続けることになる、二つの権力の中心地を創出したことになる。すなわち、プトレマイオス朝のアレクサンドリアと、セレウコス朝のアンティオキアである。

前二八一年まで続いたディアドコイ（「後継者」）たちの戦いを通じて、四つの部分王国が出現した。すなわち、ギリシア本土はカッサンドロス、トラキアと小アジアはリュシマコス、小アジアの残りの部分とシリア、および帝国東部はセレウコス、エジプトはプトレマイオスの手に落ちた。パレスチナとフェニキアの海岸地方は、差し当たってはプトレマイオス一世ソーテール（在位前三二三―二八三年）の支配下に置かれた。この人物は、前三二三―〇六年にはエジプトのサトラップとして、また前三〇六―二八三年にはプトレマイオス朝の王として、この地方を統治したのである。ところが、アンティゴノス一世モノフタルモスと彼の息子デメトリオス・ポリオルケテスが、この地方への支配権を主張した。前三一五年のガザ近郊での戦いで、プトレマイオス一世は、セレウコス（一世）の支援を受けることができた。後者は、最初はバビロニアのサトラップとして（前三二一―〇五年）、後にはセレウコス朝の王として（前三〇五―二八一年）統治した人物である。デメトリオスは打ち破られ、属州コイレ・シリアはプトレマイオスの領土となった。前三〇二年、プトレマイオスはエルサレムを占領したが、その結果、ユダヤ人の一集団がエジプトに移住することになった。前三〇一年のフリュギアのイプソスの戦いで、シリア・パレスチナもプトレマイオス朝の支配するところとなった。

この後、前二七四年に至るまで、六次にわたりいわゆる「シリア戦争」が戦われ、そこではプトレマイオス朝とセレウコス朝が南レヴァント地方の覇権をめぐって争った（巻末の年表参照）。セレウコス朝がようやくこの地方の支配権を握るのは、前二〇〇／一九八年にアンティオコス三世（大王）がパネアスの戦いでプトレマイオス朝の将軍スコパスに勝利を収めたときであった。

プトレマイオス朝治下のユダヤ（前三世紀）

前三二〇年頃から前二〇〇／一九八年に至るまで、かつてのペルシアの属州イェフドは、プトレマイオス朝の支配下にあった。それはコイレ・シリアの一部であり、後者はリビア、キプロス、エジプトと共に一つの貨幣流通地域を構成していた。そこではアレクサンドリアから派遣された王の代理人たちによって徴税が行われた。前二六〇年のプトレマイオス二世の命令書（TUAT.NF II, S. 370–372）からは、シリア・パレスチナにもこの制度が適用されていたことが分かる。プトレマイオス朝の支配者たちは、彼らの経済的な関心を通じて、南レヴァント地方の文化的な発展の推進力の役割を果たすようになった。彼らは、ペルシアの行政システムを部分的に修正しながら、ギリシア的な影響力を促進し、彼らの政策を通じて、エルサレムと同地のヤハウェ神殿の大祭司が重要性を増大させることに貢献した。それらの施策は、帝国の安定化とその経済的繁栄にも資するところ大であった。

前三世紀には、エジプトでも南レヴァント地方でも、経済が飛躍的に発展したが、その裏面は、富める者と貧しい者の格差の著しい拡大ということであった。一方には少数の富裕な大土地所有者がおり、他方には日々のパンにも事欠く多くの農業労働者がいるという、対照的な状況であった（TUAT.NF I, S. 315 [2]）。

かつてのペルシアの属州イェフドで、今やギリシア語で「イウダイア〔ユダヤ〕」と呼ばれるようになった土地は、あいかわらず、海岸平野の東側の狭い地域にすぎなかったが、この山地の人口密度は明らかに増していた。いくつかの統計によれば、ユダヤには今やほぼ四万人の人々が住んでいた。ペルシア時代にすでにそうであったように、ユダヤの北側には、ゲリジム山上にヤハウェ聖所を擁する植民都市サマリアが存在していた。また、西側にはヤムニアを中心地とするアシュドドが、南側にはマレシャ／テル・サンダハンナを擁するイドマヤ西部が、東側にはアンモニティスが控えていた。

硬貨や印章から分かるのは、プトレマイオス朝の支配者たちはもっぱら海岸平野に関心を集中させており、ユダヤとエルサレムについては、税金を取り立てることで満足していた、ということである。彼らの主たる関心事は、もっぱら諸属州から経済的な利益を得るということだったからである。エジプトでは、そのための練り上げられた徴税システムが確立しており、そこには一八〇以上もの異なる名前の税や納入金が含まれていた。この徴税システムには、ギリシア文化の普及に貢献した個々人や職能集団には減税するという、一つの政治プログラムが結び付いていた。そのような人々に、エジプトのテキストで「税制上のギリシア人」と呼ばれているユダヤ人も含まれていたというのはありうることである（W. Huß）。

ギリシア本土と同様、徴税の請け負いは、最も高値を付けた入札者に任された。その際にプトレマイオス朝の支配者たちは、地方的エリートたちの経済的利害関心を利用したことになる。というのも、期待できる収入から逆算して算出される入札額は、外部の者に対してよりも土着の人々にとって明らかに有利なものになるからである。

プトレマイオス朝の徴税事業の諸影響の実情を垣間見させてくれるものに、「ゼノン・パピルス」がある。これは、プトレマイオス朝に仕えた行政官吏ゼノンが前二六一―三九年に記した約二〇〇〇点もの文書の集成であり、そのうちの約四〇点がシリア・パレスチナに関わっている。これらの書簡には、例えば、仕事を終えたのに報酬を受け取れない労働者について記されている。労働者には通常、現物支給で支払われたので、そのような場合、労働者は最低限の必要性を満たすために金銭を借りることを余儀なくされた（TUAT.NF I, S. 315 [2]）。その結果、負債、拘禁、債務奴隷に陥ることになった。ゼノン・パピルスには小麦粉の量についての記述がしばしば見られることから、ペルシア時代にすでにそうであったように、ユダヤでは主として穀物が生産されていたことが分かる。エルサレムが時と共に重要性を増していたとはいえ、重要な行政の中心地はあいかわらずラマト・ラヘルであった。

前四世紀から前三世紀にかけての三一二点の押印式の印章のうち、六〇%はラマト・ラヘルで発見されている。エルサレムからのものは、一九%にすぎない。ところが、前二世紀になるとこの割合がまさに逆転する。すなわち、一四二点のうち、六一%はエルサレムから出土し、二二%がラマト・ラヘルからのものとなるのである（O. Lipschits / D. Vanderhooft）。

今やユダヤでも、例えば鷲や、プトレマイオス二世や彼の姉妹で配偶者でもあったアルシノエ二世の頭部といった、プトレマイオス朝的なモチーフを伴う貨幣が鋳造されるようになった。そのいずれにも、「イェフド」という文字が彫られている。印章の印影の中でも特に注意を引くのは名高い五芒星（ペンタグラム）、すなわち五つの角を持つ星形が描かれているグループである。その個々の角の間に、*yršlm*（すなわち「イェルシャライム」＝エルサレム）の五つの文字が彫り込まれている。これらの印章がハスモン朝時代になってからのものではなく、プトレマイオス朝時代のものであったとすれば（O. Lipschits）、印章と硬貨におけるこの二つのタイプの併存は、二つの異なる税の種類があったことを示している可能性がある。すなわち、一方はプトレマイオス朝に納める税であり、もう一方はエルサレムへの神殿税である。プトレマイオス朝の支配者たちは、政治的な安定性という理由だけからも、各地の諸神殿に関心を払っていた。もちろんそれは、本来的な利益がきちんとアレクサンドリアに届くということが保証されていた限りのはなしであるが（P. W. Lapp）。

エルサレムとプトレマイオス朝

前三世紀のエルサレムの公共機関は、あいかわらず、前四〇七年にエレファンティネ島の祭司たちが出した手紙（HTAT 285）から窺い知れるのと同じような仕方で構成されていた。すなわち、大祭司を頂点とする祭司団が存在し、また長老たちの顧問団があって、後者はヘレニズム時代には「ゲルーシア」と呼ばれた。考古学的には、ヘレニズム時代のエルサレムで、多種多様な建築事業が確認できる。その多くはハスモン王朝の時代のものであるが、いくつかのものはプトレマイオス朝の時代にまで遡る。

南東の丘――「ダビデの町」――では、古い「階段状石造構造物（stepped stone structure）」のそばに環状の市壁が建設されている（「マカリスター・ダンカン城壁」）。『アリステアスの手紙』の記述（100―104節）が正しければ、プトレマイオス二世フィラデルフォス（在位前二八三―四六年）のもとでアクラ――すなわち後の三市城の一つ――が建設された。そしてヨセフスによれば、この城には、前二〇〇年前後にはプトレマイオス朝の守備隊が駐屯していた（『ユダヤ古代誌』XI, 133–138）。ただし、これらの記述がどの程度正確なのかについては、疑問も残る。「ダビデの町」北西のいわゆる「ギヴァティ駐車場」（Givati Parking Lot, 地図Ⅲ参照）跡で行われた直近のエルサレム・ヘブライ大学の発掘調査によれば、アクラはヨセフスや『アリステアスの手紙』が記すようにこの町の最高地点にではなく、おそらくは神殿の丘の水準よりも低い地点にあったらしいからである。

これらの建築事業は、一方ではプトレマイオス朝によるセレウコス朝への対抗ということから、他方ではギリシア文化の影響の促進に対するプトレマイオス朝の関心ということから説明できる。その目的は、プトレマイオス王国でさまざまな公的使命を引き受けることのできるエリート層の育成ということであった。このことは、ギリシア文化の影響ということにも示されている。もちろん、すでにユダ王国時代の後期にはギリシア的な土器が輸入されていた（R. Wenning）。しかし、前三世紀から前二世紀になると、ギリシア文化の影響がさまざまな領域に及ぶようになる。前四世紀から前三世紀にかけてのイェフドの硬貨では、アテナ女神の頭部、アッティカ風のフクロウや鷹といったギリシア風のモチーフが顕著になる。もちろん、同時代にサマリアで鋳造された硬貨と比較すれば、モチーフのレパートリーはずっと狭いが、そこにはギリシア風のモチーフと地方的な諸伝統との特徴的な結合が見られる。すなわち、硬貨には「イェフド（*yhd*）」の文字――より新しい作例では *yhwd* とも綴られた――が刻まれた。ある硬貨では、中央にアテネ風のフクロウが描かれ、その両脇には「祭司」、「ヨハナン」の銘文が刻まれていた（図1参照）。同じくアテネ風のフクロウが描かれた別の硬貨には、「総督ヒゼキヤ」の銘文があった。これらのことは、イェフドにおけるギリシア文化の影響が、公的な次元にまで及んでいたことを証言している。

図１　前4/3世紀のイェフドの硬貨。アテネ風のフクロウの両脇にヘブライ語で「祭司」、「ヨハナン」と記されている。

このようなギリシア文化の影響は、エルサレムの古い「ダビデの町」の地区から発見された、前二六〇年から前一五〇年頃の一五〇〇点を超える甕やアンフォラの把手にも認められる。そこには、ロドス島のバラのような世俗的なモチーフと並んで、〔ギリシアの〕神々のさまざまな象徴も見られるのである。すなわち、太陽神の頭部、ポセイドンの三叉の矛、ヘルメスの杖、ツタの絡まるディオニュソスの杖（テュルソス）等である。

したがって、第二マカバイ記に描かれた錬成場（ギュムナシオン）と青年教育機関（エフェビア）を伴うギリシア式の教育理念のエルサレムへの導入は、大祭司ヤソン（在位前一七四―七一年）に帰されるべきではなく（Ⅱマカ四9）、すでにプトレマイオス朝の時代に行われていたと考えられるべき根拠がいくつもあるわけである。その錬成場では、文学や音楽の教養教育がスポーツの活動と組み合わされて、ギリシア的な教育理念が教授された。「エ、フェ、ビ、ア、」では青年たち（エフェボイ）が、完全市民の身分に向けて訓練された。

したがって、エルサレムの比較的狭い範囲の場所の中に、伝統的な神殿の学校と、新しいギリシア式の教育機関の双方が併存していたことになる。おそらく、ヘレニズム時代における文学創作活動の諸根拠の一つは、まさにこの併存の中にあったと見られねばならないであろう。もし、その中でエルサレムの書記や学者たちがユダヤ人としての自己同一性（アイデンティティ）の特色という問題と他の民族との関係という問題の双方に直面していたような歴史的状況を探し求めるなら、それはまさにここに見出されるのである。

プトレマイオス朝とセレウコス朝の狭間での大祭司たち

先に述べたプトレマイオス朝時代のエルサレムにおける建築事業は、政治的な状況と結び付いたものであった。前三世紀から前二世紀にかけて、大祭司職の政治化が進行した。この職位は、プトレマイオス朝の支配のもとで――ことによるとエジプトの習慣に倣って――世襲化されていた。その結果、何世代にもわたって大祭司職を独占したオニア家と、エルサレムで名望のあった一族トビア家のライバル争いが起こった。オニア家が親セレウコス朝的な傾向を示したのに対し、トビア家は親プトレマイオス朝的であった。ゼノン・パピルスでは前二六〇年の出来事に関連して、トビアという名の土地所有者について言及されている。彼は、アンモニティスにあるプトレマイオス朝のある軍事植民地の司令官であった（TUAT.NF I, S. 314–315）。その後、ライバル関係にあるこの二つの家系は、その時々の政治的状況に応じて、あるときにはプトレマイオス朝に、別のときにはセレウコス朝にくみした。例えば、大祭司オニア二世は、プトレマイオス三世エウエルゲテス（在位前二四六―二二一年）のもとでプトレマイオス朝への貢納を停止した。そこでプトレマイオス朝は、エルサレムを占領し、軍事植民地に変えてしまうぞ、と威嚇した。これに対抗して、オニアは自分の甥であったトビア家のヨセフに民の指導権（プロスタシア）を委ねた。しかし、ヨセフの息子ヒュルカノスは〔大祭司と〕衝突した。ヒュルカノスはプトレマイオス四世フィロパトル（在位前二二一―二〇四年）からユダヤの支配者に任命されたが、この間に即位していた大祭司シメオン二世（在位前二一五―一九六年頃）に対抗することができなかった。ヒュルカノスはヨルダン東岸にあるイラーク・エル・アミール（今日のアンマンの西方約一七キロメートル、地図I参照）に逃亡した。ヨセフスによれば、ヒュルカノスは同地にユダヤ教の聖所を創建したが、考古学的調査によれば、それは神殿というよりも軍事的な要塞のようなものであったらしい。

このように風見鶏のように変わるエルサレムでの政治的な方向性は、六次にわたるシリア戦争と関連していた。すなわち、前二七四年から前一六八年にかけて、プトレマイオス朝とセレウコス朝がシリア・パレスチナの陸橋地帯への覇権を掛けて争った一連の戦争である。前三世紀の紛争では、まだプトレマイオス朝の方が優勢であった。このことは、「大王」とも呼ばれたセレウコス朝の支配者アンティオコス三世（在位前二二二―一八七年）との対決についても言えることである。アンティオコスは第四次シリア戦争の末期（前二一七年）に、フェニキアとパレスチナを自分の支配圏に組み入れようと図ったが、ラフィアの戦いでプトレマイオス四世フィロパトルに敗北を喫した。その後アンティオコス三世は、小アジアと東方の諸サトラピーに勢力を拡大させ、またマケドニア王フィリポス五世（在位前二二一―一七九年）と連携した。第五次シリア戦争（前二〇一／〇〇―一九八年）でようやく、アンティオコス三世は、パネイオン（パネアス）の戦いで、プトレマイオス朝の将軍スコパスに壊滅的な敗北を与えることができた。これにより、「シリアとフェニキア」はセレウコス朝のものとなった。

ヨセフスおよびシラ書（シラ五〇1―21）の記述によれば、オニア家出身の大祭司シモン二世（在位前二一五頃―一九六年）は、アンティオコス三世から神殿経済のための免税特権を受けた。ただし、ヨセフス（『ユダヤ古代誌』XII, 138-144）に引用されている書簡に歴史的な核があるかどうかは、未解決の問題である。アンティオコスがその他の場合にも政治的に巧妙な施策を行っていることは、この書簡の歴史性を支持すると言えるかもしれない。例えば、彼はフェニキアとの外交関係を密にし、その結果前一九三年には、彼の娘クレオパトラ一世とプトレマイオス五世エピファネスの政略結婚が成立している。ヨセフスによれば、その際にアンティオコスは、三年間の免税と、それまでプトレマイオス朝に支払われていた貢の三分の一の減免、神殿の官吏や長老顧問団（ゲルーシア）への所得税と人頭税の免除を実現している。同じような措置は、プトレマイオス朝治下のエジプトからも知られている。このことも、ヨセフスの記述の歴史性の傍証となるかもしれない。すなわちエジプトでも、神官や教師といった特定の人間集団が個別的な税を免除されていたのである。

パレスチナ、ユダヤ、エルサレムの諸事情を安定化させておくことは、国際政治的状況ということだけから見ても、必要不可欠であった。なぜなら、ローマという新しい敵が出現し、エルサレムに対するセレウコス朝の政策を時と共にますます縛るようになっていたからである。新たな全体政治的状況は、エルサレム内部での諸紛争と連動していた。親プトレマイオス派と親セレウコス派の党派闘争が続いた結果、大祭司の職位が金銭で売買されるまでになった。最後の正統な大祭司はオニア三世（在位前一九六―一七五年）で、彼はオニア二世の孫でシメオン二世の息子であった。彼はセレウコス四世フィロパトル（在位前一八七―一七五年）の治世にこの職位を継承したのであるが、それはまさにセレウコス朝とローマ人が対立するようになった時期に当たる。

その結果は、大祭司職の矢継ぎ早で頻繁な交代ということであった。オニア三世の廃位後、状況は不穏となり、その中で親プトレマイオス派の一集団（オニア四世？）がエルサレムからエジプトに移住するに至った。ヨセフスによれば、プトレマイオス六世（在位前一八〇―一四五年）はこのユダヤ教の大祭司に、神ヤハウェのための神殿を建設することを許可した（『ユダヤ古代誌』XII, 388; XIII, 65-71）。この神殿がレオントポリス（テル・エル・イェフーディーイェ）にあったのか、それともヘリオポリス（聖書のオン、創四一45参照）にあったのかははっきりしない。ことによるとそれは、すでに以前から存在していたユダヤ人たちの一つの古い居住地のことだったのかもしれない。いずれにせよ、メンフィス、ヘラクレオポリス、エドフ、アレクサンドリア等のユダヤ人共同体を含め、エジプトには古代ユダヤ教の多種多様な形態が存在していたのである（S. Honigman）。ヘラクレオポリスで発見された二〇点のパピルスからは、ユダヤ人たちが「ポリテウマ」という共同体に組織化されていたことが分かる。これは、宗教活動の自由や自分たちでの司法を含む、限定された自治権を持つ共同体である。ただし、ヘラクレオポリスのテキストは、ユダヤ教の律法である「トーラー」への明確な方向付けを示してはいない（エレファンティネについての本書一二一頁の記述を参照）。

アンティオコス四世とマカバイの乱（前二世紀）

前一六七―一四二年のセレウコス朝に対するマカバイ家の反乱の原因は、ローマとの対立によって決定的に変更されたセレウコス朝の政策にあった。マケドニアの王でアンティオコス三世の盟友でもあったフィリポス五世は、ペルガモンとロドス島を攻撃することによって、ローマに挑戦した。このことから戦争（前二〇〇―一九七年）になるが、それはキュノスケファライの戦い（前一九七年）でのローマ人の勝利によって終わる。その少し後でアンティオコス三世は、カルタゴの将軍ハンニバルと組んでギリシアを支配下に編入しようと図るが、テルモピュレーの戦い（前一九一年）もマグネシアの戦い（前一九〇年）も敗戦に終わり、この企ては挫折する。「アパメイアの和」（前一八八／八七年）によりセレウコス朝王国は、ヨーロッパ側のすべての領土と小アジアの領土の一部をローマ、ペルガモン、ロドスに引き渡すことを余儀なくされた。またアンティオコス三世は膨大な額の賠償金を課されたが、このことは、セレウコス朝の税制政策の再編につながった。すなわち、親セレウコス朝的であった大祭司シメオン二世（在位前二二五―一九六年）のための免税特権は撤回され、王国内各地の諸神殿に対する厳しい措置が導入された。アンティオコス三世は前一八七年、ペルシアのスサ近くのバアル神殿を略奪しようとする企ての最中に殺害された。彼の親族の一部が捕虜としてローマに留め置かれたが、その中には正統的な王位継承権をもったアンティオコス四世も含まれていた。そこで、セレウコス四世フィロパトル（在位前一八七―一七五年）がセレウコス朝の王位についた。多大なローマへの賠償金を賄うために、セレウコスは各地の神殿財政を流用することを企てた。第二マカバイ記の記述によればセレウコスは、彼の宰相であったヘリオドロスにエルサレム神殿の財宝をそのために用いるように命じた。第二マカバイ記三章の記述は、伝説的な色彩が非常に濃厚なのであるが、そこで描かれた経過に歴史的な核があることは、二つの聖書外史料の碑文から裏付けられる。すなわち、由来不明の一つの石碑には、ヘリオドロスに宛てた王の書簡への言及が見られる。また、シェフェラ地方のマレシャで発見された石碑の三つの断片には、セレウコスが廷臣であるオリュンピオドロスに対し、コイレ・シリアとフェニキアの諸聖所に対する権限を付与したことが記されている。

前一七五年に、ヘリオドロスがアンティオキアでセレウコス四世を暗殺させたことにより、状況はまたまた一変する。次に王位についたのはアンティオコス四世エピファネス（在位前一七五―一六四年）であるが、この支配者は聖書のテキストとエジプトのテキストの双方に、いずれも暗号化された筆致で言及されている。すなわち、彼はダニエル書では「小さな角」（ダニ八9）と呼ばれており、エジプトの「ボッコリスの雄山羊の予言」では「メディア人」と呼ばれている（H.-J.

Thissen. 批判的な見方として、J. F. Quack）。

アンティオコス四世の登位とともに、エルサレムでも事態が大きく変わる。おそらく親セレウコス的な宮廷長シメオンの息子であったメネラオス（Ⅱマカ四23）は、アンティオキアでアンティオコス四世にライバルの二倍の賄賂を差し出し、大祭司の職位をまんまと手に入れた（在位前一七一―一六四年）。それまで大祭司であったヤソンはヨルダン東岸地方に逃亡したが、行先はおそらく、イラーク・エル・アミールにあったヒュルカノスの要塞であろう。約束された毎年六六〇タラントンの銀というのはおよそ非現実的な数字であり、メネラオスはその義務を履行するために、神殿の宝物に手をつけざるを得なかった。前一七〇―一六八年の第六次シリア戦争の際には、エジプト遠征中にアンティオコス四世が死んだという噂が流布した。このことに乗じて、先代の大祭司ヤソンはメネラオスを攻撃し、ひどい残虐行為の果てに大祭司の地位を奪回した。〔実は死んでいなかった〕アンティオコス四世は、エルサレムでのこの権力者交代を自分への反乱と見なし、この町を厳しく罰した。その際には神殿が略奪され、祭具が奪われた。前一六八年秋にアンティオコスが将軍アポロニオスに大軍を率いさせてエルサレムに送ると、危機的な状況は先鋭化した。ダビデの町と神殿地区の南側で激しい戦闘が行われ、その結果、アクラにセレウコス軍駐屯地が設営されることになった（Ⅱマカ五24―25）。

聖書における記述とは異なり、アンティオコス四世の諸施策は、第一義的に宗教政治的な目的を目指すものではなかった。彼にとって問題だったのは、ユダヤ教の抑制ということでも、ましてやヤハウェ祭儀の廃止ということでもなく、絶えざる不穏状態の鎮静化ということであった。むしろ大祭司たちが、彼らの政策によって、初めてエルサレムをセレウコス朝にとっての紛争地帯にしたのである。

大祭司メネラオスがアンティオコス四世の諸施策を積極的に支持したか否かには関わりなく、大祭司たちの一連の振る舞いの結果、セレウコス朝の支配者たちは、エルサレムのヘレニズム化をさらに推し進めることになり、それを通じて、文化的に開かれた姿勢を示し、ヤハウェ神殿の祭司たちとは敵対するような勢力を支援するようになった。ギリシア風の習慣や服装の導入（Ⅱマカ四12—13）やアンティオキア市民としての登録（Ⅱマカ四9）等のさまざまな措置を通じて、エルサレムは一つのアンティオキア風の「ポリス」に変身されつつあった。

聖書が伝える宗教政治的な諸施策は、本質的にはヘレニズム化促進のための諸施策であった。ダニエル書七章25節や第二マカバイ記六章6、10—11節によれば、割礼や安息日の遵守は禁じられ、豚肉の摂取によって聖書的な清い動物と汚れた動物の区別（レビ一一章）は無視された。第二マカバイ記六章2節によれば、エルサレムのヤハウェ神殿がゼウス・オリンポスに奉献されたとされるが、これはユダヤ教の神がギリシアの神に取って代わられたということではなく、「ギリシア的解釈（interpretaio graeca）」を通じてヤハウェという神がこのギリシアの神と同一視された、ということと理解すべきであろう。

これにより、すでにペルシア時代後期にイェフドで見られたことが、今やエルサレムにも広がったことになる。前三八〇年の一枚の銀貨では、表にはコリント風の兜を被った男性の頭部が描かれ、裏面には羽の生えた戦車に座すある神の姿が描かれている（図2参照）。銘文は「イェフド」

とも「ヤフ（*Yhw*）」とも読める。前者の場合は「イェフド」と結び付いた神が描かれていることになり、後者の場合は神の名でおそらくはヤハウェのことであろう（O. Keel）。そのどちらの解釈をとるにせよ、この銀貨は、すでに前四世初頭に神としてのヤハウェに対する「ギリシア的解釈（interpretaio graeca）」が行われていた可能性を示している。

ただし、ある一点において、アンティオコス四世は、従来のエルサレムのヘレニズム化を超えてしまった。すなわち彼は、エルサレム神殿で豚を犠牲に捧げるように命じたのである。聖書で「荒廃をもたらすおぞましいこと」（ダニ八13、Ⅰマカ一54）と呼ばれているこの措置は、一つの抵抗運動を惹起し、それが畢竟は前一六七―一四三／四二年のマカバイ戦争につながることになる。

図２　前380年頃のイェフドの硬貨。裏面には羽の生えた戦車に座す一つの神格が描かれている。アラム語の銘文は「イェフド」ないし「ヤフ」と読める。

この反乱は、マカバイ家のマタティアとその息子たちによって組織化された。「マカバイ」という呼称は、マタティアの三男だったユダの綽名に由来する。彼はヘブライ語では「マッケベト」、アラム語では「マッカバー」と呼ばれたが、これは「槌／ハンマー」の意味である。マカバイ家の人々は、エルサレムの伝統派や地方の住民と結んで、ヘレニズム的なサークルに対抗する蜂起運動を立ち上げた。その際に、「ハシダイ」――「敬虔派」の意味（Ⅰマカ二42、七12参照）――の一部の代表者たちを含むエルサレムの上層階級は、宗教政治的な目的を追求したのに対し、地方の住民の代表者たちはむしろ経済的な利害関心から行動した。すでにプトレマイオス朝時代からのことであるが、地方の住民たちは特に、重税に苦しめられていたからである。

緒戦では、マカバイ家の人々が主導権を握った。アンティオコス四世エピファネスは、王国の東方でパルティア人の攻撃に対応しなければならなかったからである。前一六四年、ユダ・マカバイはエルサレムに入城し、神殿の再献堂を行った。これにより事実上、セレウコス朝によるヘレニズム化諸施策が行われる以前の状態が回復されたことになる。今や、ヘレニズム風のライフ・スタイルと、神の法へのユダヤ教的な方向付け（トーラー遵守）が共存することになった。ただし、二つのマカバイ記では、両者の対立がどぎつい色彩で描かれている。そこでの描写は、ハスモン家の政治神学に資するためのものだからである（「ハスモン家」という呼称については、ヨセフス『ユダヤ古代誌』XII, 265;『ユダヤ戦記』I, 36参照）。ユダ・マカバイは、ヤハウェ祭儀の復興ということだけでは満足しなかった。彼はダビデの町に要塞を築き、ギレアド、ガリラヤ、イドマヤ地方、および海岸平野に征服遠征を繰り返した。

アンティオコス四世の没後、セレウコス家内では王位争いが起こったが、その後セレウコス朝の総督リュシアスが、マカバイ家への攻撃に打って出た。彼は、幼いアンティオコス五世エウパトル（在位前一六四―一六二年）の摂政として実権を握っていたのである。リュシアスはベトツルを征服し、前一六二年、攻囲戦の末エルサレムをも占領した。ただし、アンティオキアでは王位争いが続いていたので、マカバイ家の人々は全面的な敗北を免れた。ただし、大祭司の職は空位となる。なお、このアンティオキアでの王位争いからは、ローマに支援されたデメトリオス一世ソーテール

(在位前一六二—一五一/五〇年)が支配者として台頭してくる。マカバイ家の人々は、セレウコス軍に対して何回かの軍事的成功を収めることができたが(ニカノルとのカファルサラマ、アダサでの戦い。Ⅰマカ七31—32、39—49)、前一六一年、ユダ・マカバイはエラサの戦いで戦死してしまう。残された反乱軍は、ユダの末の弟ヨナタン・アッフスの指揮の下でユダの荒野に撤退する。

しかし、アンティオキアでの一連の政治的な出来事の結果、マカバイ家の人々は彼らの目的を達することになる。すなわち、アレクサンドロス・バラス(在位前一五〇—一四五年)なる人物が、セレウコス朝の支配者デメトリオス一世の王位に挑んだのである。そこでデメトリオスは、彼の将軍バキデスに命じてマカバイ家と交渉させた。デメトリオスにとっては、マカバイ家を抑制することよりも、自分の支配権を維持することの方が重要だったのである。このことは、セレウコス朝王国内部での力関係がどのようなものであったかについて、何ほどかを示唆している。

ヨナタンは、エルサレム北東のゲバに近いミクマスで、独自の裁判権を確立することを許された。これは事実上、並行政権の樹立を意味する。前一五二年に、アレクサンドロス・バラス自身も海岸都市アッコに並行政権を設置すると、デメトリオスはエルサレムとベトツルから彼の軍隊を撤退させた。アレクサンドロスはヨナタンを自分の側に取り込もうと、彼にエルサレムの大祭司の地位を提供した。ヨナタンは〔大祭司を務める家系である〕ツァドク系のオニア家の出身ではないので、保守的なサークル——例えば「敬虔派(ハシダイ)」——からの抵抗はあったが、ヨナタンは意に介さなかった。彼は、状況を巧みに利用して、セレウコス朝の支援を受けてエルサレムの神殿共同体を自分の支配下に置き、そこから、アンティオキアでの一連の出来事の陰で、自分の権力の及ぶ範囲を拡張しようとしたのである。これによりヨナタンは、セレウコス朝の王国から公式に認められた最初のマカバイ家支配者となった。こうして彼は、大祭司職が世俗的な支配権と合体する、ハスモン王国の体制を準備したことになる。

ハスモン朝の王国

他の史料がほとんどないため、ハスモン朝時代の歴史的再構成に当たっては、二つのマカバイ記とヨセフスの記述に大幅に依拠せざるをえない。このことは、次の点で問題である。すなわち、マカバイ記には明らかに神学的な偏りがあり、例えばヨナタンの兄で後継者でもあったシモン・マカバイをある種のダビデやソロモンの再来のような姿で描いている。それにも拘らず、〔これらの文書からは〕ハスモン朝の王国からローマの支配期の初頭までの古代ユダヤ教の歴史の基本的なデータが読み取れる。ハスモン王朝の創始者であるヨハネ・ヒュルカノス一世（在位前一三五／三四―一〇四年）を含むヨナタンの後継者たちは、ほぼ一〇〇年間にもわたって権力を維持することができたが、これは彼らが、目まぐるしく変わるセレウコス朝内部の力関係を自分たちの目的に利用する術を知っていたからなのである。

ヨナタンはセレウコス朝の支配者アレクサンドロス・バラスのもとで属州コイレ・シリアの軍隊指令官（ストラテーゴス）兼メリダルケース（「部分支配者」）に任命されていた。しかし彼は、後にセレウコス朝の内戦に巻き込まれ、セレウコス朝の王アンティオコス六世の一将軍によって処刑されてしまう。マカバイ家の指導的地位は、シモン・マカバイ（在位前一四二―一三四年）によって引き継がれた。デメトリオス二世は彼の地位を承認し、大幅な特権を彼に与えた。シモンはセレウコス軍のいたエルサレムのアクラを占領し、自分の支配領域を西方に拡大した。ヤッファを領有したことで、シモン治下のハスモン家は、地中海に面した固有の港を獲得した。これによりユダヤは、国際交易に直接参与することができるようになった。また、セレウコス朝の王アンティオコス七世シデテス（在位前一三八―一二九年）は、ユダヤに独自の硬貨鋳造権を与え、シモンの後継者ヨハネ・ヒュルカノス一世（在位前一三五／三四―一〇四年）はこれを存分に利用した。シモンはまだ王号は名乗っていなかったが、彼の治世にユダヤは、政治的な自律性を獲得していた。

前一三五年にシモンが、彼の二人の息子と共にエリコ付近で殺害されると、それまでゲゼルの属州総督を務めていた彼の息子、ヨハネ・ヒュルカノス一世が跡を継いだ。彼の治世には、〔ユダ王国最後の王〕ゼデキヤ以来実に四五〇年ぶりに、土着の王がエルサレムで統治することになった。その後前一二九年にセレウコス朝の王アンティオコス七世がパルティア遠征中に戦死し、デメトリオス二世がセレウコス朝の王位に復帰すると、ヨハネ・ヒュルカノス一世は好機に乗じて、南北の最重要な通商路を自分の武力の支配下に置くことに成功した。ハスモン家の人々は、事実上はすでにヘレニズム化していたのであるが、彼らはユダヤの民衆の利害関心の代弁者をもって任じていた。このことを典型的に示したのが、硬貨の銘文がより「モダン」なアラム風の角型文字ではなく、古ヘブライ文字で記された事実である。

ヨハネ・ヒュルカノス一世のもとで鋳造された貨幣には、一面には錨が、もう一つの面には百合が描かれている。前者はセレウコス朝の、後者はハスモン朝の象徴である――ただし、図像モチーフとしての百合は、すでにペルシア時代に用例があるのではあるが――。硬貨の多くには、「ヘベル・ハ・イェフディーム の大祭司にして元首イェホハナン／ヨハナン」という銘文がある。「ヘベル・ハ・イェフディーム」という表現は、ユダヤの顧問団の集会とも、ユダヤの民衆とも、どちらにも解しうる（Y. Meshorer, E. Regev）。

ヨハネ・ヒュルカノスのもとで前一一二／一一一年、ゲリジム山上の神殿が破壊された（ヨセフス『ユダヤ古代誌』XIII, 254–258）。遅くともこれ以降、エルサレムのヤハウェ崇拝者たちとゲリジム山上のヤハウェ崇拝者たちの間に信仰分裂（シスマ）が生じた。エルサレムの視点から見れば、北のヤハウェ崇拝者たちは背教者に見えた。このことから、「サマリア人」という呼び方は否定的なニュアンスを帯びるようになった（本書一二二頁参照）。

一連の拡張政策の経過の中で、（北の）ガリラヤも（南の）イドマヤも併合された。ヨハネ・ヒュルカノス一世は同時に、国内でも拡張事業を推進した。彼はエルサレムの市壁を建て直し、今日の旧市街では神殿の丘の北側に、ハスモン朝の人々の居城としてバリス城を建設した。こうしてヨハネ・ヒュルカノス一世は、ハスモン朝時代初期の建築事業をさらに推し進めたのである。そこには、複数の城門を伴う市壁も含まれる。それは今日の旧市街で、西の壁の近くを走っていた（今日の「シタデル」周辺地区での発掘調査、アレクサンドロス・ヤンナイ時代の硬貨の発見）。

エリコには、ヘレニズム様式の冬の宮殿が建てられたが、これは後にヘロデによってさらに拡張された。ヨハネ・ヒュルカノス一世の後継者たちも、エルサレムの拡張事業を継続させた。例えばアリストブロス二世は、新しい宮殿を建設させた。これによってエルサレムは、ハスモン朝のもとで、ヘレニズム時代初頭の小さな神殿都市から、強大な市壁と三つの王宮――すなわち、一つは神殿の丘の南に、一つはその北に、一つはその西に――を持つ堂々たる大都市に変身したのである。住民数も、八〇〇〇人ほどに増大した（H. Geva）。

北における拡張政策も、ヨハネ・ヒュルカノス一世の息子で後継者になったユダ・アリストブロス一世（在位前一〇四―一〇三年）によって先に進められた。その結果、ガリラヤでは、居住地が著しく拡大された。アレクサンドロス・ヤンナイ（在位前一〇三―七六年）のもとで、ハスモン家の支配圏はさらに広げられた。すなわち今や、ガリラヤ全土やゴラン高原、死海南端までのヨルダン東岸地域、さらには（アシュケロンにまで至る）海岸平野を含むヨルダン西岸地域の全体が、ハスモン王朝の支配下に置かれたのである。この一連の征服政策の経過の中で、強制的なユダヤ教化も行われたという。すなわち、割礼を拒否した者たちは追放の憂き目にあったのである。

ヨセフスの記述によれば、しかし、やがてハスモン朝に対する抵抗が活発化する。ファリサイ派の人々――ことによると、第二神殿の「敬虔派（ハシダイ）」の集団から生じた一派かもしれない――が、セレウコス朝の支配者デメトリオス三世エウカイロス（在位前九五―八七年）の助けを借りて、ハスモン朝の王アレクサンドロス・ヤンナイを追放しようと企てたのである。しかし、この企ては失敗に終わった。アレクサンドロスが没すると、〔彼の妻で〕新たに女王となったサロメ・アレクサンドラ（在位前七六―六七年）は、事態の鎮静化に努めた。しかし、彼女の息子たちの間で後継者争いが起こり、それが党派闘争にまで発展する。すなわち、エルサレムの上層階級の成員やエルサレム神殿の祭司たちからなるサドカイ派が、彼女の年下の息子であり、軍隊を掌握していたアリストブロス二世（在位前六七―六三年）を支持したのに対し、彼女の年長の息子であり大祭司の地位についていたヨハネ・ヒュルカノス二世（在位前七六―六七年／前六三―四〇年）はファリサイ派の支持を受けたのである。兄弟間のこの熾烈な権力闘争には、ローマの将軍ポンペイウスの介入によってようやく終止符が打たれることになる。それゆえ、前六七年のサロメの死から前六三年のローマ人による権力掌握までの時期は、さらなる不安定期として特徴づけられるわけである。

ハスモン朝が支配した時代の末期には、その後イエスの時代や新約聖書成立の時代をも刻印することになる、いくつかの宗教的な集団が形成された。すなわち、ファリサイ派、サドカイ派、エッセネ派である。この時代――おそらくは前二世紀末か前一世紀初頭――には、クムランの共同体も成立した。この共同体は、ギリシア化しつつあるハスモン家の人々とは対照的に、非政治的で、イスラエルの聖なる諸文書に定位したユダヤ教を代表するような集団であった。

クムラン

一九四七年、死海のほとりのヒルベト・クムラン近くで、巻物入りの複数の甕が発見された。それが学界ではすぐに、ヨセフスや古代の歴史家たち（プリニウス『自然史』V, 73等）によって言及されていた禁欲的なユダヤ教結社、「エッセネ派」と結び付けられた。これに対し、「クムラン」というキーワードは、差し当たっては、「共同体（ハ・ヤハド）」と自称し、「真のイスラエル」を自認していた集団に限って用いられるようになった。この集団は聖書のテキストや聖書に準じるテキストを研究し、そのことを通じて聖書伝承の担い手となっていた。この二つのことは、「共同体の規則」（1QS V–VII）に典型的な形で示されている。この文書の最古の版は、次の詩編の言葉に依拠している。「幸いあれ、悪しき者の謀《はかりごと》に歩まず、罪人の道に立たず、嘲る者の座に着かない人に。ヤハウェのトーラーを喜びとし、そのトーラーを昼も夜も唱える者に」（詩一1―2）。

「共同体の規則」は、「不正な人々の集会から身を引き離し、トーラーと所有における共同体を形成するために」（1QS V, 1–2）、クムラン共同体の秩序を定めている（Kratz 2017, S. 229）。それは同時に、ハスモン朝の王権とは絶縁するということでもある。例えば、クムラン文書にしばしば言及されている「義の教師」は、「邪悪な祭司」と対比されている（1QpHab XI, 4–8）。ハスモン朝のアレクサンドロス・ヤンナイは「怒れる獅子」と呼ばれ（4QpNah II, 2.8; 4QpHos[b] f2, 1）、ヨハネ・ヒュルカノスは虚偽の預言者たちの名簿に載せられている（4Q339）。戦闘行為の描写等の歴史的暗示（イザヤ書ペシェル、4Q161, f5–6, 5–13）やその他のテキストには、クムラン宗団がマカバイ家やハスモン家、さらにはエルサレム神殿の祭司たちやレビ人たちと袂を分かっていたことが示唆されている。この集団は自分たちこそ真のイスラエルであると自認し、聖書のテキストに言われるところの、神とイスラエルの「新しい契約」（エレ三一31）の当事者になるのだと考えていた（CD I–VIII; 1QS I–III参照）。

「共同体の規則」（1QS）と「ダマスコ文書」（CD）の間の規定上の相違からは、この共同体が時によってユダヤ内のさまざまに異なる場所で生活し、共同生活の規則をその都度の新しい状況に合わせて繰り返し柔軟に変えていたことが裏付けられる。加入を望む者は、生活上の厳格な諸規則に従わねばならなかった。この集団は、堅固な位階組織を形成していた。そこには指導的な諸役職があり、成員にはさまざまな階級があった。諸規則（1QS および CD）では、一つの軍事的な陣営としての、また、祭司たちに率いられた一つの会衆〔民三章参照〕としての、イスラエルの民の聖書的理想への方向付けがなされていた。この宗団によって保護育成された聖書伝承の中心に位置したのは、律法と祈りである。なぜなら、彼らにとって、モーセの律法に従った生活と、個人的な祈りと神賛美とは、相互に密接に結び合っていたからである。

クムランの意義は、同所で発見された文書の巻物にも存する。短く要約すると、そこに含まれるのは以下のものである。（一）聖書諸文書の今日知られている最古の写本。（二）聖書正典に取り入れられなかったアラム語やヘブライ語の文書（「旧約聖書外典（アポクリファ）」〔新共同訳では「旧約聖書続編」〕）の写本。（三）クムラン宗団自体の創出した文書。例えば「共同体の規則（1QS）」や「ダマスコ文書（CD）」、「ホダヨート〔感謝の詩編〕（1QH^{a}）」等。

同時に、その「義の教師」への追随ぶりや、その厳格無比な清浄諸規定、善と悪との強烈な二元論（「闇の子ら」対「光の子ら」）、終末時の聖戦への待望（1QM〔戦いの巻物〕）等において、この宗団は、聖書的な先例を踏み越えている。

もし前二世紀に、自分たちこそ聖書的伝統の上に立っていると自認し、あらゆる政治やヘレニズム的影響から身を引き離そうとした一つのユダヤ教というものを探し出そうとするなら、それはエルサレムでもアレクサンドリアでもなく、死海のほとりのここにこそ見いだされるのである（R. G. Kratz）。

展望　神殿破壊までの、ローマ支配下のパレスチナ（前六三―後七〇年）

ローマの将軍ポンペイウスは、セレウコス朝の王国（前六四年）とパレスチナ（前六三年）を征服した後、シリア・パレスチナの国境を新たに確定した。パレスチナはローマの総督アウルス・ガビニウス（在位前五八―五四年）の統治下に置かれたが、サロメ・アレクサンドラの二人の息子たちの間の権力紛争は、なおも継続した。もともとは彼女により、ヒュルカノス二世は大祭司に、アリストブロス二世は軍司令官に、それぞれ任命されていた。前四九年以降、ユリウス・カエサルとポンペイウスの間でローマの内戦が始まると、ヨハネ・ヒュルカノス二世とイドマヤの支配者アンティパトロスは、カエサルの側についた。戦勝後、カエサルは二人の忠誠に論功行賞で報いた。すなわち、ヒュルカノス二世は「ローマの友」の称号を与えられ、アンティパトロスは地方総督（プロクラトル）に任じられた。また、アンティパトロスの息子であったヘロデは、ガリラヤのローマ総督に任じられた。前四四年のカエサルの暗殺後、ヘロデはローマまで逃げ延びねばならなかったが、前四〇年にはローマの元老院により、「ローマ市民の同盟王にして友（rex socius et amicus populi)」に任命され、事実上のユダヤの王とされた。これによって、ハスモン朝の支配には最終的な終止符が打たれ、それに代わってヘロデ朝の支配が始まった。

ヘロデは、新約聖書では悪役的に描かれているが（例えばマタ二16の嬰児虐殺の伝説）、彼の長く（前三七—四年）、また（自由都市群「デカポリス」を除く）ほとんどパレスチナ全土に及ぶ統治は、安定と経済的な繁栄によって特徴づけられる。ヘロデは、死海のほとりのマサダを含む破壊されていた要塞群を修復再建し、またさまざまな要塞を新たに建造した。地中海岸には大きな港湾都市カエサリア・マリティマが建設された。この町はヘレニズム的な「ポリス」であり、二つの神殿が建てられていたが、一つはローマに、もう一つは（ローマ皇帝）アウグストゥスに捧げられていた。しかし、最大の建築事業は、エルサレム神殿であった。前二〇年から前九／八年にかけて、神殿地区はほぼ二倍に広げられ、大きな角石で構築された城壁で囲まれた。その一部は、今日なお見ることができる（「嘆きの壁」とも呼ばれる神殿の西の壁）。この聖所は同時に、この町の商業中心地、ないし市場にもなった。ヘロデはまた、神殿地区の北側に、アントニア要塞を築かせた。

すでにヘロデの治世の末期から、親ハスモン朝勢力と親ヘロデ的、親ローマ的勢力の間で緊張が高まっていた。ヘロデは、アレクサンドロスの娘でハスモン家に属するマリアンメと結婚していたのであるが、それによってもライバル抗争は止まず、そこにはヘロデの息子たちも一枚噛んでいた。エルサレムの王国はいわゆるローマの「被保護国家（クリエンテス）」であったので、属人的であり、王位継承は皇帝アウグストゥス（在位前三一年—後一四年）によって定められることになっていた。アウグストゥスは単純に、支配権をヘロデの息子たちの間で分配した。すなわち、アルケラオスはユダヤ、サマリア、イドマヤを与えられ、ヘロデ・アンティパスはガリラヤとペレアを、またフィリポスはヨルダン東岸地方を獲得した。しかし、その後アルケラオスはエルサレムの民衆や指導的階層と対立し、後六年にガリアに追放され、彼の領地はローマの直轄地に組み入れられた。そして最高裁判権と税額決定権は、エルサレムのサンヘドリン〔最高法院〕からカエサリア・マリティマの総督に移された。

皇帝の特使キリニウスのもとでのこの旧アルケラオス領の再編は、新約聖書ではイエスの誕生の年と結び付けられている（ルカ二1─4）。イエスの時代に、ガリラヤはヘロデ・アンティパス（在位前四年─後三九年）の治世下にあった。ヘロデ・アンティパスが追放されると、その領土の支配権は〔ヘロデ大王の孫に当たる〕ヘロデ・アグリッパ一世（在位後三九─四四年）の手に渡った。その後、皇帝クラウディウスはユダヤ、サマリア、イドマヤをも彼に与えたので、ヘロデ・アグリッパ一世は、かつてのヘロデ大王の王国のほぼ全土を支配することになった。

すでにヘロデ・アグリッパ一世の治世中に、国内の不穏な情勢とローマに対する集団的な抗議運動が始まり、四四年の彼の死後は、ますますそれが強まった。その契機は皇帝礼拝と、政治的、経済的な変更、すなわち、ユダヤが再びカエサリア・マリティマの総督の支配下に置かれたことであった。「ゼーロータイ（「熱心党」）」と名乗る武装集団──敵対者側からは「強盗団」とか「シカリ党（短刀で戦う者）」とも呼ばれた──は、マカバイ家式の民族主義的な反乱運動を鼓吹した。「ユダヤ戦争」とも呼ばれる六六─七〇年のこの戦いは、ローマ軍によって暴力的な形で終止符を打たれることになる。ウェスパシアヌスは皇帝のネロにより、対ユダヤ戦争の総司令官に任命された。前六九年にウェスパシアヌス自身が皇帝に推戴されると、彼は自分の息子ティトゥスにユダヤの反乱の鎮圧を任せた。エルサレムは攻囲され、七〇年に陥落した。神殿は略奪を受け、火を掛けられ、完膚なきまでに破壊された。こうして、第二神殿の歴史は終わりを告げたのである。

その後、ローマ人たちはエルサレムを異教の町に改造し、その名を「アエリア・カピトリナ」に改めた。また、属州としてのユダヤは、「シリア・パレスチナ（syria palaestina）」に改称された。

まとめ

それ以前の数百年間と同様、ヘレニズム時代になっても、エルサレムは比較的重要性の少ない一つの神殿都市にすぎなかった。事態が変わるのは、プトレマイオス朝の支配下で大祭司職が世襲制となり、またエルサレム神殿の財政が独自の神殿税によって確かなものになってからである。前三世紀から前二世紀にかけて、ライバル争いを繰り広げるプトレマイオス朝とセレウコス朝の諸対立の中で、歴代の大祭司たちはその時々でさまざまに異なる立ち位置をとった。大祭司たちはまた、当初より、エルサレム内部でのさまざまな対立にもさらされていた。プトレマイオス朝とセレウコス朝の時代の〔エルサレム内部での〕諸対立を規定していたのは、オニア家とトビア家のせめぎ合いであった。ほぼ二〇〇年にもおよぶこのような展開の結果として成立したのが、ハスモン朝の王国なのであり、これにより、前五八七／八六年以来、久方ぶりに土着の王がエルサレムで統治することになった。特徴的なのは、それとは逆のすべての修辞（レトリック）にも拘わらず、この王国が決して伝統志向ではなく、明白にヘレニズム的な傾向を持っていたということである。

ヘレニズムの影響は、ペルシア時代後半の硬貨の図像の意匠にすでに感じ取れるが、前三世紀から前二世紀になると著しく増大する。バイリンガルでプトレマイオス朝王国の支配諸課題を処理できるようなエリート層を育成しようとするプトレマイオス朝の政策から、おそらくすでに前三世紀の段階で、ユダヤをヘレニズム化する諸施策が強力に推し進められた。プトレマイオス朝に取って代わったセレウコス朝の宗教政策も、この方針を引き継いだ。アンティオコス四世エピファネス（在位前一七五―一六四年）のもとでのエルサレムのヤハウェ祭儀のゼウス・オリンポス祭儀への再解釈が、聖書で「荒廃をもたらすおぞましいこと」（ダニ八13、Ⅰマカ一54）と呼ばれていることは、エルサレム神殿の保守的な集団の物の見方を示している。この集団は歴史的に見れば少数派であるが、古代ユダヤ教の発展を決定的に刻印することになる。すなわち、詩編で「ハシーディーム」、クムラン文書で「アシーディーム」と呼ばれている「敬虔派」の人々は、時と共にますます影響力を強めていった。エルサレムの神殿共同体と大祭司職が政治化することを通じて、古代ユダヤ教の内部分化がさらに進んだ。前一七〇年頃、オニア四世がエジプトに逃亡し、レオントポリス／ヘリオポリスに神殿を建立すると、エジプトの地に一つの新しいヤハウェ共同体が生まれた。そして、保守的な聖書の学者たちが死海のほとり〔クムラン〕に移住すると、もう一つの共同体がパレスチナ／イスラエルに生まれたのである。

したがって、ローマによる支配の直前に、古代ユダヤ教のいくつかの異なる形態が並存するようになっていたのである。アレクサンドリアとクムランでは、ユダヤ人の自己同一性（アイデンティティ）に関する二つの異なる理念（コンセプト）が対立し合っていた。すなわち、一方にはヘレニズム化されたディアスポラ・ユダヤ教があり、これは文化的に開かれていて、ヘブライ語聖書のギリシア語訳である「セプチュアギンタ」という固有の聖書を持っていた。他方にはクムランのユダヤ教があって、これは律法、預言者、諸書の基準に従って生活していたが、それらを独自な仕方で解釈していた。この二つの極の間に、その他の宗教的アイデンティティの諸形態を配置することができる。例えば、厳格にトーラーに定位したゲリジム山上のヤハウェ共同体、エルサレムのヘレニズム化されたハスモン朝の政治的王国、レオントポリス、ヘリオポリス、ヘラクレオポリスのエジプト・ディアスポラ諸共同体等である。これらのうち、最後に挙げたものでは、今日知られている限り、「トーラー」は何ら特別な役割を演じていなかった。

このような多様性は、第二神殿時代の文学創作をも決定的に刻印した。なぜなら、我々が旧約聖書の中で出会うものの少なからずは、ペルシア時代やヘレニズム時代の書記たちの筆によるものだからである。

訳者あとがき

本書は、Bernd U. Schipper, *Geschichte Israels in der Antike*, C. H. Beck, München 2018の全訳である。翻訳は二〇一八年の初版で着手したが、二〇二三年に多少の改訂を加えられた第二版が出たので、校正時に内容をこの第二版に合わせた。原題を直訳すれば、まさに『古代イスラエル史』であるが、本書の研究史上の位置と内容的な新しさを考えて、教文館出版部とも相談のうえ、『「ミニマリズム論争」の後で：最新の時代史』という副題を加えた。本書が二〇世紀の終わりから二一世紀の初めにかけて国際学界で行われたこの論争の経緯と結果を踏まえ、従来の類書とはかなり異なる内容になっているからである。原著者シッパー氏は、この副題付加の提案を快諾してくださっただけでなく、この副題を踏まえた「日本語版への序文」を送ってくださった。

本書の冒頭で著者シッパーは、「古代オリエント世界に関わる諸研究で、ここ二〇年ほどのうちで、イスラエル史学以上に大きな変化を経験した分野はないであろう」と書いている。このような「変化」が生ずるきっかけの一つが、いわゆる「ミニマリズム論争」であった。従来の古代イスラエル史研究では、旧約聖書の描くイスラエル民族の歴史が基本的には実際の歴史の流れを反映していることが前提とされ、聖書外史料や考古学の所見などによって補正しながら、旧約聖書が語る神が動かす超自然的な「聖なる歴史」を、人間が動かす合理的な「世俗的な歴史」に翻案していくような作業が多かった。その結果、再構成された通史は、――自戒を込めて書くが拙著『聖書時代史旧約篇』（岩波現代文庫、二〇〇三年）を含めて――旧約聖書の「あらすじ」のパラフレーズのようになることが多かった。すなわち、「族長時代」にはじまり、「出エジプト」や「土地取得」を経て「士師時代」に至り、ダビデ・ソロモンの「統一王国時代」から王国分裂を経て南北王国並立時代へと進む歴史像である。

ところが、一九九〇年代になると、英国のフィリップ・R・デーヴィス、アメリカのトーマス・L・トンプソン、デンマークのニルス・P・レムケといった研究者たちが、旧約聖書の歴史史料としての価値に懐疑的な見方を打ち出し、聖書の語る「イスラエル」と史実のイスラエルはまったくの別物であると主張するようになった。彼らの主張の根拠は、前九世紀以前のイスラエルに関わる聖書外史料や考古学的証拠が非常に乏しいことと、旧約聖書の諸文書多くの成立年代が――彼らの見方では――遅い時代に引き下げられたことである。これらの研究者によれば、旧約聖書が王国時代以前（アブラハム、モーセ）や統一王国時代について語ることの大部分は、ペルシア時代からヘレニズム時代のユダヤの書記の創作（フィクション）であり、「栄光ある過去」を描き出すことによって、被支配者層である自分たちの境遇を乗り越える「アイデンティティ」を確立しようとするものであった。これらの研究者の見方では、イスラエルが国家の体をなすようになったのは、せいぜい聖書外史料に言及される前九世紀のオムリ王朝のイスラエル（北）王国あたりからで、ユダ（南）王国の確立はそれより一〇〇年から一五〇年も遅れた。統一王国など存在せず、ダビデやソロモンの歴史的実在の蓋然性は「アーサー王」のそれと同程度にすぎない。これらの王の時代とされる前一〇世紀前後のエルサレムは、せいぜい山の上の小村にすぎなかった、というのである。

このような懐疑派の「過激」な主張に対しては、従来のイスラエル史像を基本的に擁護しようとするより穏健な研究者たち（アメリカのウィリアム・G・ディーヴァー、P・カイル・マッカーター、バルフ・ハルパーン、イギリスのK・A・キッチン、イアン・W・プロヴァン等）が反論を行い、一九九〇年代後半から二〇〇〇年代の前半にかけて両陣営の間に激しい論争が繰り広げられた。両者の立場の違いは、主として旧約聖書の史料的価値をどの程度認めるか、ということにあったので、相互に「ミニマリスト（最小限主義者）」、「マクシマリスト（最大限主義者）」というレッテルをはり合う事態も見られた（したがって、「ミニマリスト」、「マクシマリスト」という用語は、あくまで批判の意味を込めた他称であって、自称ではないことは注意を要する）。ついには、論争の熱が高じて、互いに人格攻撃になったり、「歴史修正主義者（リヴィジョニスト）」、「否定論者（ニヒリスト）」対「聖書至上主義者（ビブリシスト）」、「原理主義者（ファンダメンタリスト）」と罵倒し合うという、あまり学問的とは言えない事態さえ見られるようになった。

この論争の真っ最中に、議論の火にさらに油を注ぐような出来事が起こった。一九九三年から一九九四年にかけて、イスラエル北部のテル・ダン（テル・エル・カーディー）で「ダビデの家」に言及するアラム語の石碑が、三つに割れた状態で二回に分けて発見されたのである。もしこれが真正の物であれば、ダビデに言及する最初の聖書外史料ということになり、少なくともユダ王国の王朝創始者としてのダビデの歴史的実在が、間接的に証明されたことになる。この石碑については、碑文の読み方をめぐる賛否から、石碑自体の真贋論争にも発展したが、現在では、ダマスコの王ハザエルとイスラエル、ユダ連合軍の戦闘（王下八28—九29参照）に関わる真正な史料として広く受け入れられている（本書三八—三九頁参照）。

二〇一〇年代になると、両陣営の「旗手」たちの多くが公的な地位から引退したこともあって、学界の議論もやや落ち着きを見せ、この論争を踏まえて、新たな古代イスラエル史の総合的な記述がなされるようになった。ドイツ語圏ではバルバラ・シュミッツのもの（B. Schmitz, *Geschichte Israels*, Ferndinand Schöningh, Paderborn 2011）やクリスティアン・フレフェルのもの（Ch. Frevel, *Geschichte Israels*, Kohlhammer, Sttutgart 2016）、エルンスト・A・クナウフとヘルマン・M・ニーマンのもの（E. A. Knauf / H. M. Niemann, *Geschichte Israels und Judas im Altertum*, De Gruyter, Berlin/Boston, 2021）、英語圏ではリチャード・D・ネルソンのもの（R. D. Nelson, *Historical Roots of the Old Testament (1200-63 BCE)*, SBL Press, Atlanta 2014）が代表的であり、本書シッパーのものもそれに加わるものである。

これらを見ると、全体として「ミニマリスト」の見方がかなり取り入れられているという印象を受ける。少なくともダビデ・ソロモン時代に関して、統一王国や、ましてユーフラテスとエジプトの入り口までを支配下に置いた超地域的な大王国の存在を前提にするものではない。全面的に「ミニマリスト」側にくみしなくとも、やはり聖書外史料も考古学的証拠もないのに聖書の記述だけに頼るという見方は取りにくくなっているのであろう。

本書におけるシッパーの方法は、「日本語版への序文」にもあるように、「ミニマリスト」の警鐘に耳を傾け、基本的には聖書外史料や考古学的な証拠を重視しながら、旧約聖書の記述をも無視しないという、穏当で中庸的なものである。ダビデの歴史的実在は前提とされ〔三八頁〕、ソロモンのそれさえ否定されないが〔四一頁〕、彼らが統一王国を統治したことは非歴史的とされ〔四六―四七、四九頁〕、彼らの統治した領域はエルサレムとそれに直接隣接した比較的狭い範囲に限定されていたとされる〔四〇、四三頁〕。族長時代も士師時代も、歴史記述の対象とはならない。出エジプトに関して歴史的核の存在は否定されないが、あくまで疑問符（「？」）つきである〔三〇―三二頁〕。

従来の歴史像からの転換は、現存する史料の少ないペルシア時代についても見られる。本書では、エルサレム第二神殿の再建が通説のようにダレイオス一世の時代ではなく、ダレイオス二世の時代であった可能性〔一二六―一二七頁〕や、同時代にエルサレム神殿よりもゲリジム山上のサマリア教団の神殿の方が優勢であった可能性〔一二二―一二三、一三〇頁〕が示唆されていて、興味深い。

本書が「ミニマリズム論争」を経て激変した古代イスラエル史学の現状を知るうえで、コンパクトにして格好の書物として国際的な注目を集めていることは、「日本語版への序文」にもあるように、二〇一八年にドイツ語原著が出版された後、短期間のうちに英語版、イタリア語版、スペイン語版、トルコ語版、日本語版が矢継ぎ早に出されたことに端的に示されている。現在さらに、フランス語版、韓国語版、エストニア語版が翻訳作業中だとのことである。

著者シッパーの著作がわが国に紹介されるのは初めてと思われるので、最小限の紹介を記しておく。ベルント・ウルリヒ・シッパーは一九六八年、旧西ドイツのダルムシュタット生まれ。マインツ、ボン、ハンブルクで旧約学とエジプト学を学び、両分野に関して二つの博士号を取得。ハーバード大学で招聘研究者として研修。この間、ブレーメン大学、ハイデルベルク大学、オルデンブルク大学で講師や客員教授を務めた後、二〇一〇年からベルリンのフンボルト大学神学部の旧約学正教授となり、二〇二四年現在同学部学部長の地位にある（二〇二〇年から）。また、二〇二二年から三年任期で、国際旧約学会（IOSOT）の会長を務めている。

シッパー氏の研究の焦点としては、経歴からも分かるように、エジプトに造詣が深く、イスラエルとエジプトの歴史的・文化的関係や、エジプトから多大な影響を受けているとされる旧約聖書の知恵文学（特に箴言）で、代表作に『王国時代におけるイスラエルとエジプト』（*Israel und Ägypten in der Königszeit. Die Kulturellen Kontakt von Salomo bis zum Fall Jerusalems*, OBO 170, Göttingen 1999）、『ウェンアメン航海記』の研究（*Die Erzählung des Wenamun. Ein Literaturwerk im Spannungsfeld von Politik, Geschichte und Religion*, OBO 209, Göttingen 2005）、箴言研究である『トーラーの解釈学』（*Hermeneutik der Tora. Studien zur Traditionsgeschichte von Prov 2 und zur Komposition von Prov 1-9*, BZAW 432, Berlin/New York 2012）、『箴言一―一五章注解』（*Sprüche (Proverbia) 1-15*, BK 17/1, Göttingen 2018）等がある。

二〇二四年三月現在、以下のURLでフンボルト大学のシッパー教授のホームページにアクセスが可能である。

https://www.theologie.hu-berlin.de/de/professuren/stellen/gi/personen/prof.%20dr.%20dr.%20schipper

本書は、激変する学界の趨勢から落ちこぼれつつある老古代イスラエル学者が、変貌著しい現代の古代イスラエル史像の一端を広く知っていただこうと願い、適書を選んで訳出したものである。本来なら、『聖書時代史　旧約篇』をゼロから全面的に書き改めるべきであろうが、古希を過ぎた今、個人的にはライフワークのつもりである『列王記注解』（日本キリスト教団出版局）の執筆に注力しており、時間的にも心理的にもその余裕がない。国際学界における最新刊の翻訳という形で、最小限の役割を果たしておきたいと思った所存である。

末尾ながら、選書や翻訳にあたって相談にのってくださった北星学園大学の山吉智久教授、レイアウト、校正、索引作成などでご協力願った北海道基督教学会の渡部布由子さん、今回も担当いただいた教文館出版部の髙橋真人氏に感謝の念を記させていただきたい。

山我　哲雄

二〇二四年四月　札幌にて

索　引

人　名

ア行

カ行

サ行

タ行

ナ行

ハ行

マ行

ヤ行

ラ行

地　名

ア行

カ行

サ行

タ行

ナ行

ハ行

マ行

ヤ行

ラ行

ワ行

年　表

本書全体についてもそうであるが、王たちの治世年等はあくまで目安であって、歴史的に正確な数字と理解されるべきではない。〔年代等で「後」のないものはすべて紀元前〕

エジプト	パレスチナ / イスラエル	メソポタミア / アナトリア
		(ヒッタイト)
アメンホテプ 4 世 1353-1336	1350 *アマルナ文書*	ムワタリ 2 世 1290-1272
ラメセス 2 世 1279-1213	1274 *カデシュの戦い*	
メル・エン・プタハ 1213-1203	1208 *メル・エン・プタハ碑文*	
(*第 21 王朝* 1076-944)	ダビデ 1004/03-965/64（？）	*(新アッシリア)*
シアムン 978-959	ソロモン 965/64-926/25（？）	アッシュル・ダン 2 世 934-912
プスセンネス 2 世 959-945		
(*第 22 王朝* 943-746 頃)		
シェションク 1 世 943-923	レハブアム 926-910	
	オムリ 882-871	
	カルカルの戦い（853）	シャルマナサル 3 世 858-824
	メシャ碑文（850 以降）	
	イエフの朝貢（841）	
		ティグラト・ピレセル 3 世 745-727
(*第 24 王朝*)		
オソルコン 4 世 730-715	ホシェア 732-723	シャルマナサル 5 世 727-722
	サマリア征服 722/20	サルゴン 2 世 722-705
(*第 25 王朝* 722-655)		
シャバカ 722 頃-707	ヒゼキヤ 725-697	センナケリブ 705-681
シャバタカ 702 頃-690	マナセ 696-642	エサルハドン 681-669
タハルカ 690-664		アッシュルバニパル 669-630
(*第 26 王朝* 664-525)		*(新バビロニア)*
プサメティコス 1 世 664-610	ヨシヤ 639-609	ナボポラッサル 625-605
	ヨヤキム 608-598	ネブカドネツァル 2 世 605-562
ネコ 2 世 610-595	ヨヤキン 598/97	
プサメティコス 2 世 595-589	*第 1 回エルサレム征服* 598/97	
	ツェデキヤ 598/97-587/86	
アプリエス 589-570	*第 2 回エルサレム征服* 587/86	
		(ペルシア)
(*第 27 王朝* 第 1 次ペルシア		キュロス 2 世 559-530

支配 525–404） 519/18　ウジャホルレスネト 464–454　*イナロスの乱*		ガンビュセス 2 世　530–522 ダレイオス 1 世　522–486 アルタクセルクセス 1 世 465–424/23
（*第 28 王朝*　404–399） （*第 29 王朝*　399–380） （*第 30 王朝*　380–343） （*第 2 次ペルシア支配* 343–332）	407　*エレファンティネ文書*	ダレイオス 2 世　424–404 アルタクセルクセス 2 世 404–359 （*ギリシア*） アレクサンドロス大王 336–323
（*プトレマイオス朝*　332–30） プトレマイオス 2 世フィラデルフォス　285–246 プトレマイオス 4 世フィロパトル　221–204 プトレマイオス 6 世フィロメトル 180–145	（274–168　*6 回のシリア戦争*） （167–143/42　*マカバイ戦争*） （135/34–37　*ハスモン家の王国*）	（*セレウコス朝*　312–64） アンティオコス 1 世ソーテール　281–261 アンティオコス 3 世メガス（大王）　222–187 アンティオコス 4 世エピファネス　175–164
	（*パレスチナにローマ人*） ヘロデ大王　37–4 ヘロデ・アンティパス 4–後 39 （後 66–70　*ユダヤ戦争*） （後 70　*第二神殿破壊*）	

考古学的時代区分

中期青銅器時代 II	前 2000–1550 年
後期青銅器時代 I	前 1550–1400 年
後期青銅器時代 II A	前 1400–1300 年
後期青銅器時代 II B	前 1300–1150 年
鉄器時代 I A	前 1200–1140 年
鉄器時代 I B	前 1140–980 年
鉄器時代 II A	前 980–840/30 年
（鉄器時代 II A 初期	前 980–925 年）
（鉄器時代 II A 後期	前 925–830 年）
鉄器時代 II B	前 830–700 年
鉄器時代 II C	前 700–587 年
バビロニア・ペルシア時代	前 587–450 年
ペルシア時代（II）	前 450–333 年
ヘレニズム時代	前 333–37 年
ローマ時代	前 37–後 324 年

文献表

以下には、本書の各章について、より先に進むうえで参考になる、「インターネット学術的聖書事典」(Wissenschaftliche Bibellexikon im Internet. WiBiLex: www.wibilex.de) 上の諸項目と、精選された二次的参考文献を挙げておく。

略号で引用される古代オリエントのテキスト集

DJE = L. E. Pearce / C. Wunsch, *Documents of Judean Exiles and West Semites in Babylonia in the Collection of David Sofer*, Bethesda 2014.

HAE = J. Renz / W. Röllig, *Handbuch der althebräischen Epigraphik*, 全3巻、Darmstadt ²2016.

HTAT = M. Weippert (編集参与 J. F. Quack, B. U. Schipper, S. J. Wimmer), *Historisches Textbuch zum Alten Testament* (GAT 10), Göttingen 2010.

KAI = H. Donner / W. Röllig, *Kanaanäische und aramäische Inschriften*, 全3巻、Wiesbaden ³1971–1976.

TUAT = O. Kaiser (編), *Texte zur Umwelt des Alten Testaments*, 全3巻＋補遺、Gütersloh 1981–2001.

TUAT.NF = B. Janowski / G. Wilhelm / D. Schwemer (編), *Texte zur Umwelt des Alten Testament. Neue Folge*, 全9巻、Gütersloh 2004–2015.

概説

WiBiLex: Archäologie Palästinas (D. Vieweger); Jerusalem (K. Bieberstein).

Donner, H., *Geschichte des Volkes Israel und seiner Nachbarn in Grundzügen* (GAT 4/1–2), 全2巻、Göttingen ⁴2008.

Frevel, C., *Geschichte Israels* (Studienbücher Theologie 2), Stuttgart ²2018.

Keel, O., *Die Geschichte Jerusalems und die Entstehung des Monotheismus*, 全2巻、Göttingen 2007.

Kratz, R. G., *Historisches und biblisches Israel: Drei Überblicke zum Alten Testament*, Tübingen ²2017.

Steiner, M. L. / Killebrew, A. E.（編）, *The Oxford Handbook of the Archaeology of the Levant. C. 8000–332 BCE*, Oxford 2014.

序章

WiBiLex: Annalen（K. Weingart）; Chronologie, archäologische（D. Jericke）;
Chronologie, biblische, AT（C. Berner）; Deuteronomismus（T. Römer）; Esra-Nehemia-Buch（T. Hieke）; Geschichte/Geschichtsschreibung, AT（M. Witte）; Land（J. C. de Vos）; Maat（J. F. Quack）; Ramses II.（C. Maderna-Sieben）; Schlacht bei Qadesch（T. von der Way）; Weltreiche（R. Liwak）.
Gertz, J. Chr.（編）, *Grundinformation Altes Testament: Eine Einfuhrung in Literatur, Religion und Geschichte des Alten Testaments*, Göttingen [6]2019.
Levin, C., *Das Alte Testament*, München [5]2018.〔C・レヴィン『旧約聖書 歴史・文学・宗教』山我哲雄訳、教文館、2004 年〕
Rüsen, J., *Zeit und Sinn: Strategien historischen Denkens*, Frankfurt a. M. 1990.
Schmid, K., *Literaturgeschichte des Alten Testaments: Eine Einführung*, Darmstadt [2]2014.〔K・シュミート『旧約聖書文学史入門』山我哲雄訳、教文館、2013 年〕

第一章　イスラエルの諸端緒と初期の歴史（前 1208–926/25 年）

WiBiLex: Abdi-Chepa（S. Lauberer）; Abraham（T. Hieke）; Amarnabriefe（M. Müller）; Beth-Schean（K. Koenen）; Eisenzeit I（U. Zwingenberger）; Hebräer/Hapiru（D. Jericke）; Izbet Ṣarṭa（→ Eben Eser [E. Gass]）; Mose（J. Chr.Gertz）; Neues Reich（K. Jansen-Winkeln）; Philister（C. Ehrlich）; Scheschonq/Schischak（K. Jansen-Winkeln）; Stamm/Stammesgesellschaft（C. Schäfer-Lichtenberger）; Staat AT（W. Oswald）; Tochter Pharaos（B. U. Schipper）.

Dever, W. G., *Beyond the Texts. An Archaeological Portrait of Ancient Israel and Judah*, Atlanta 2017.
Levy, T. E. / Schneider, T. / Propp, W. H. C.（編）, *Israel's Exodus in Transdisciplinary Perspective*, Cham 2015.

Niemann, H. M., Juda und Jerusalem, *Ugarit-Forschungen* 47（2016）, 148–190.

第二章　サマリア征服までのイスラエルとユダ（前 926/25–722/20 年）

WiBiLex: Aram/Aramäer（H. Niehr）; Assyrien/ Assyrer（J. Renz）; Dan（W. Zwickel）; Eisenzeit II（D. Jericke）; Geschur（F. Schücke-Jungblut）; Inschrift von Tel Dan（J. Robker）; Mescha/Meschastele（T. Wagner）; Moab/Moabiter（U. Hübner / K. Koenen）; Omri（D. Jericke）; Schlacht von Qarqar（T. Wagner）.

Bagg, A. M., *Die Assyrer und das Westland: Studien Zur Historischen Geographie und Herrschaftspraxis in der Levante im 1. Jt. v. u. Z.*（Orientalia Lovaniensia Analecta 216）, Leuven/Paris/Walpole 2011.

Faust, A., *The Neo-Assyrians in the South: Imperial Domination and Its Consequences*, Oxford 2021.

Finkelstein, I., *Das vergessene Königreich: Israel und die verborgenen Ursprünge der Bibel*, München 2017〔原著 *The Forgotten Kingdom: The Archaeology and History of Northern Israel*, Atlanta 2013〕.

第三章　エルサレム征服（前 587/86 年）までのユダ王国

WiBiLex: Asarhaddon（A. Bagg）; Chirbet el-Mšāš（D. Jericke）; Edom/Edomiter（J. Wöhrle）; Elteke（K. Koenen）; Gedalja（H.-J. Stipp）; Hiskia（R. Heckl）; Necho II.（A. Schütze）; Jojachin（H.-J. Stipp）; Jojakim（H.-J. Stipp）; Josia（M. Pietsch）; Ramat Rahel（M. Oeming）; Zerstörung Jerusalems 587/86（K. Koenen）.

Čapek, F. / Lipschits, O.（編）, *The Last Century in the History of Judah: The Seventh Century BCE in Archaeological, Historical, and Biblical Perspectives*, Atlanta 2019.

Grabbe, L. L.（編）, *Good Kings and Bad Kings*（Library of Hebrew Bible/Old Testament Studies 393）, London/New York 2005.

Schipper, B. U., *Israel und Ägypten in der Königszeit: Die kulturellen Kontakte von Salomo bis zum Fall Jerusalems*（OBO 170）, Göttingen 1999.

第四章　バビロン捕囚とペルシア時代（前 587/86–333 年）

WiBiLex: Babylonien（J. Renz）; Exil/Exilszeit（T. Wagner）; Diaspora AT（J. Kiefer）; Elephantine（A. Rohrmoser）; Garizim, Heiligtum（J. J. Böhm）; Gemeinde（T. A. Rudnig）; Kyrosedikt（B. Becking）; Monotheismus AT（M. Bauks）; Münze（U. Hübner）; Provinz, persisch（J. Wiesehöfer）; Reichsautorisation（A. M. Bortz）; Rückwandererliste（S. Grätz）; Samaritaner（M. Böhm）; Tora AT（W. Oswald）.

Albertz, R., *Die Exilszeit: 6. Jahrhundert v. Chr.*（Biblische Enzyklopädie 7）, Stuttgart 2001.

Jacobs, B. / Rollinger, R.（編）, *A Companion to the Achaemenid Persian Empire*, 全 2 巻、Hoboken, NJ 2021.

Lipschits, O. / Oeming, M.（編）, *Judah and the Judeans in the Persian Period*, Winona Lake, Ind. 2006.

Lipschits, O. / Knoppers, G. N. / Albertz, R.（編）, *Judah and the Judeans in the Fourth Century B.C.E.*, Winona Lake, Ind. 2007.

Wiesehöfer, J., *Das frühe Persien*, München ^{6}2021.

第五章　ヘレニズム時代（前 333–前 63 年）

WiBiLex: Antiochus IV. Epiphanes（F. Ueberschaer）; Aristeasbrief（M. Tilly）; Hasidäer（D. Lambers-Petry）; Hasmonäer（D. Lambers-Petry）; Heliopolis（D. Raue）; Hellenismus（M. Sigismund）; Hermopolis（D. Kessler）; Herodes（→ Antipas [C. Böttrich]）; Hohepriester（K. Backhaus）; Jahwe（B. Becking）; Makkabäer（D. Lambers-Petry）; Onias/Oniaden（F. Ueberschaer）; Qumran–Handschriften（A. Steudel）; Seleukus/ Seleukiden（F. Ueberschaer）; Septuaginta AT（C. Ziegert / S. Kreuzer）; Tobiaden（F. Ueberschaer）.

Cohen, S. J. D., *The Beginnings of Jewishness: Boundaries, Varieties, Uncertainties*, Berkeley/Los Angels/London 1999.

Kratz, R. G., Qumran: *Die Schriftrollen vom Toten Meer und die Entstehung des biblischen Judentums*, München 2022.

Lipschits, O. / Honigman, S. / Nihan, C.（編）, *Times of Transition: Judea in the Early Hellenistic Period*, Winona Lake, Ind.2021.

Schäfer, P., *Geschichte der Juden in der Antike: Die Juden Palästinas von Alexander dem Großen bis zur arabischen Eroberung*, Tübingen ^{2}2010.

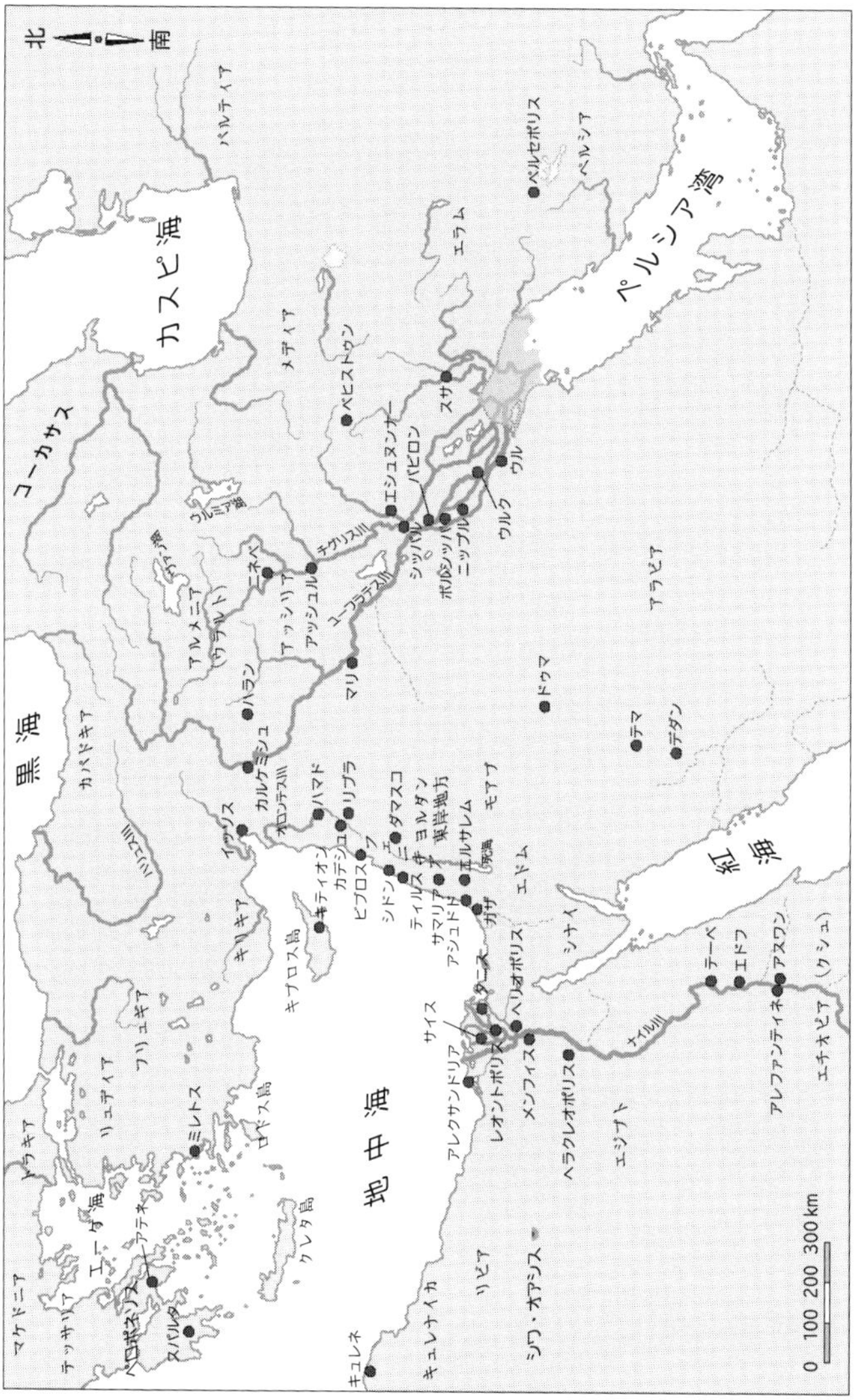

地図IV　古代オリエント世界

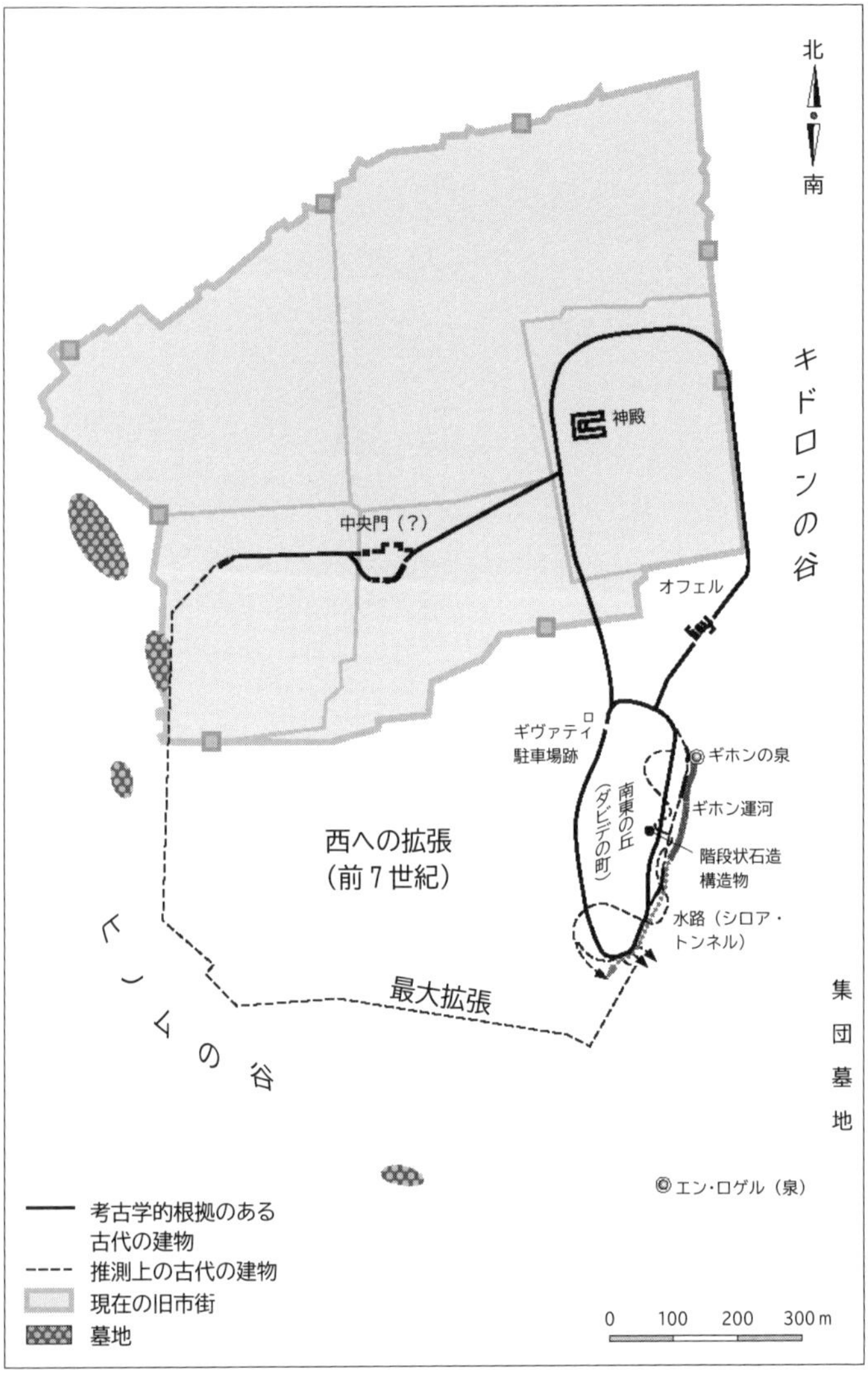
北
南
キドロンの谷
神殿
中央門（？）
オフェル
ギヴァティ
駐車場跡
ギホンの泉
南東の丘
（ダビデの町）
ギホン運河
階段状石造
構造物
水路（シロア・
トンネル）
西への拡張
（前７世紀）
最大拡張
ヒンノムの谷
集団墓地
エン・ロゲル（泉）
考古学的根拠のある
古代の建物
推測上の古代の建物
現在の旧市街
墓地
0 100 200 300 m

地図 III　エルサレム

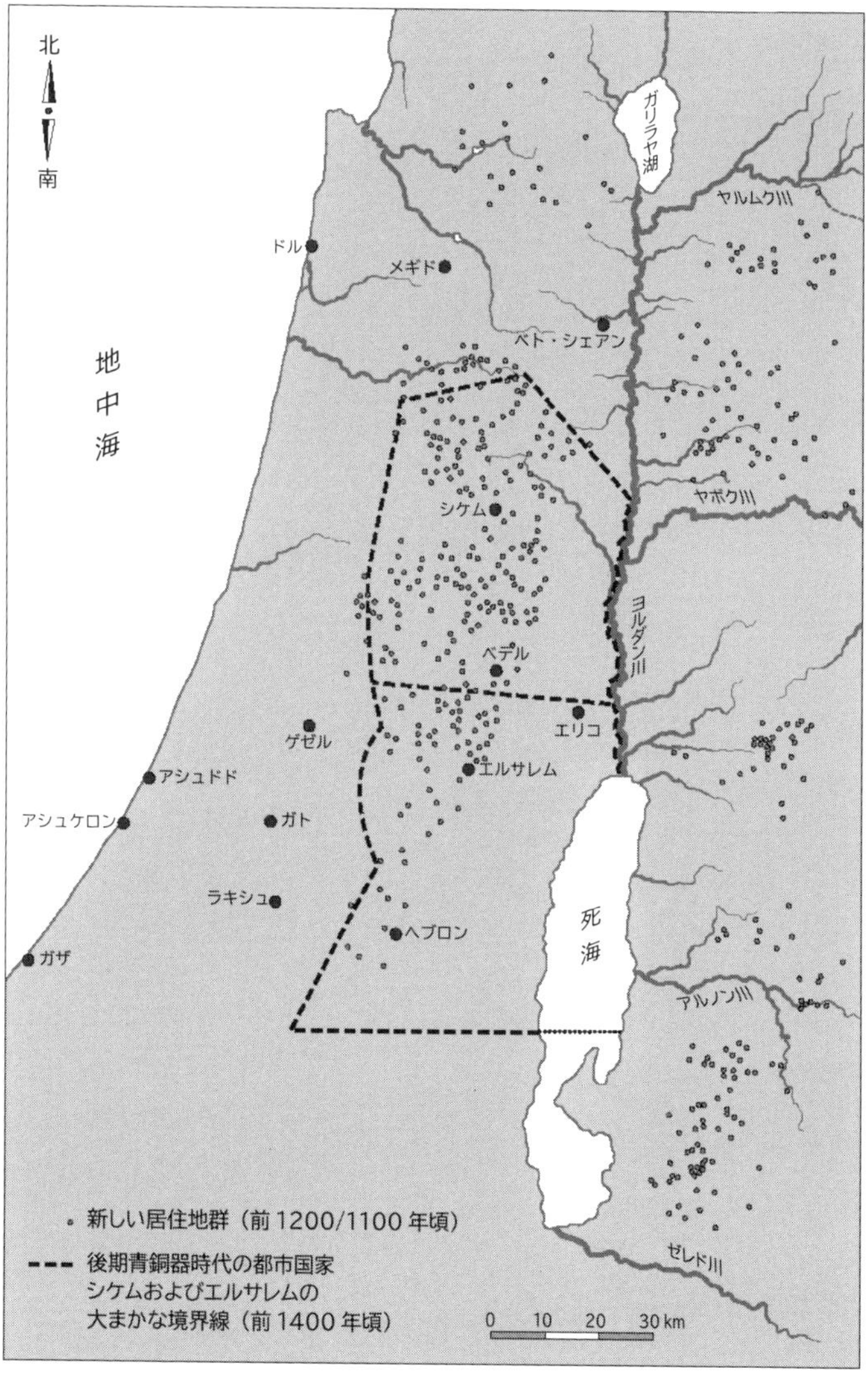

地図 II　前 1400 年頃および前 1200/1100 年頃のパレスチナ / イスラエル

地図I　南レヴァント地方

《訳者紹介》

山我 哲雄（やまが・てつお）

1951年，東京に生まれる。1976年，早稲田大学第一文学部人文学科卒業。
1985年，同大学院文学研究科博士課程単位取得満期退学。
1990年より北星学園大学に勤務，2022年3月に同大学定年退職。
現在，北星学園大学名誉教授。

著書　『聖書時代史　旧約篇』（岩波書店 2003年），『海の奇蹟――モーセ五書論集』（聖公会出版 2012年），『一神教の起源――旧約聖書の「神」はどこから来たのか』（筑摩書房 2013年），『キリスト教入門』（岩波書店 2014年），『VTJ 旧約聖書注解　列王記上 1～11章』（日本基督教団出版局 2019年），『旧約聖書における自然・歴史・王権』（教文館 2022年）など多数。

訳書　W. H. シュミット『歴史における旧約聖書の信仰』（新地書房 1985年），M. ノート『モーセ五書伝承史』（日本基督教団出版局 1986年），同『旧約聖書の歴史文学――伝承史的研究』（同 1988年），G. フォン・ラート『ATD 旧約聖書註解 1　創世記〈上〉〈下〉』（ATD・NTD 聖書註解刊行会 1993年），T. C. レーマー『申命記史書――旧約聖書の歴史書の成立』（日本基督教団出版局 2008年），O. ケール『旧約聖書の象徴世界――古代オリエントの美術と「詩編」』（教文館 2010年），K. シュミート『旧約聖書文学史入門』（同 2013年），M. ティリー／W. ツヴィッケル『古代イスラエル宗教史――先史時代からユダヤ教・キリスト教の成立まで』（同 2020年）など多数。

古代イスラエル史――「ミニマリズム論争」の後で：最新の時代史

2024年6月20日　初版発行

訳　者　山我哲雄
発行者　渡部　満
発行所　株式会社　教文館
〒104-0061　東京都中央区銀座 4-5-1
電話 03(3561)5549　FAX 03(5250)5107
URL http://www.kyobunkwan.co.jp/publishing/
印刷所　株式会社　平河工業社

配給元　日キ販　〒162-0814　東京都新宿区新小川町 9-1
電話 03(3260)5670　FAX 03(3260)5637

ISBN 978-4-7642-6762-6　Printed in Japan